_____ 님의 소중한 미래를 위해
이 책을 드립니다.

엄마의
사랑법

엄마의

엄마는 자녀를 어떻게 사랑해야 하는가

사랑법

장성오 지음

메이트북스

메이트북스 우리는 책이 독자를 위한 것임을 잊지 않는다.
우리는 독자의 꿈을 사랑하고,
그 꿈이 실현될 수 있는 도구를 세상에 내놓는다.

엄마의 사랑법

초판 1쇄 발행 2020년 9월 17일 | **지은이** 장성오

펴낸곳 ㈜원앤원콘텐츠그룹 | **펴낸이** 강현규·정영훈

책임편집 안정연 | **편집** 유지윤·오희라 | **디자인** 최정아

마케팅 김형진·차승환·정호준 | **경영지원** 최향숙·이혜지 | **홍보** 이선미·정채훈

등록번호 제301-2006-001호 | **등록일자** 2013년 5월 24일

주소 04607 서울시 중구 다산로 139 랜더스빌딩 5층 | **전화** (02)2234-7117

팩스 (02)2234-1086 | **홈페이지** www.matebooks.co.kr | **이메일** khg0109@hanmail.net

값 15,000원 | **ISBN** 979-11-6002-302-2 03370

이 도서의 국립중앙도서관 출판시도서목록(CIP)은 e-CIP홈페이지(http://www.nl.go.kr/ecip)에서 이용하실 수 있습니다.(CIP제어번호 : CIP2020035618)

모든 아이에게는 저마다의 개성과 소질이 있다.
획일적으로 바라보지 말고
그 나름의 개성에 맞춰 긴 안목으로 지켜봐야 한다.

• 유태인 지도 교육법 •

사랑으로 이끌어주세요

　인간의 삶에서 사랑은 모든 총체의 합이며 양육현장에서는 최고의 육아법입니다. 사랑을 빼놓고는 양육을 논할 수 없으며 아이는 사랑받아야 마땅한 존재입니다. 사랑 이야기는 이 세상에 차고도 넘쳐서 너무 흔할 수도 있고 또 천차만별이지만, 그 흔한 사랑 이야기를 해보려고 합니다.

　아이를 낳아서 기를 때 사랑은 양육의 기본입니다. 요즘 신세대 부모의 아이 사랑은 똑똑한 사랑법이라고 할 정도로 똑 부러지고 넉넉합니다. 그런데 왜 사랑받지 못한 것처럼 사랑을 갈망하고 허기진 아이들이 많을까요? 물질은 풍요로우나 정서는 가난하고, 애지중지하나 마음은 불안해하고, 고집스럽고 독단적이기까지 하며 마음을 나누지 못하는 아이들이 많아지는 것은 어찌된 일일까요?

부모는 최선을 다해 사랑했다고 말합니다. 물론 자녀를 사랑하지 않는 부모는 없습니다. 어찌 보면 과해서 탈이지요. 이렇듯 충분한 사랑을 주었다는 부모와 사랑받고 싶어서 흔들리는 아이들을 보면 참 안타깝습니다.

아이에게는 타고나는 것이 있습니다. 바로 기질입니다. 아이의 기질을 바로 알고 보듬어주고 인정해주어야 하는데 많은 부모가 아이 기질과 상관없이 자신이 원하는 사랑을 주려고 합니다. 아이는 자신이 사랑받고 싶은 방향이 있는데 부모는 자기가 주고 싶은 방향으로 에너지를 집중해서 사랑이라는 이름으로 컨트롤하려고 듭니다.

예를 들어 아이는 엄마·아빠와 뒹굴며 놀고 싶은데 엄마·아빠는 책놀이를 하자면서 책을 읽어줍니다. 아이는 유치원에 갔다 오면 엄마·아빠가 와락 껴안아주고 맛있는 간식을 챙겨주기를 원하는데 엄마·아빠는 아이 이야기를 잘 들어주어야 한다며 유치원에서 어떤 일이 있었는지 꼬치꼬치 캐묻습니다. 이렇듯 서로 사랑하는 방향이 다르다보니 아이는 늘 허기지고 부모는 충분한 사랑을 주었는데 왜 그러느냐고 하는 것입니다. 이는 부모와 함께하는 시간은 많은데 아이 기억 속에는 남아 있는 것이 없기 때문입니다.

아이를 잘 키우겠다며 아이한테 과몰입하면 안 된다는 사실도 잊으면 안 됩니다. 먼저 부모 스스로 자신을 사랑하는 방법을 놓치지 않았으면 좋겠습니다. 아이만 사랑하느라 부모가 자기 자신을 사랑하는 것을 놓치면 아이에게 건강한 울타리가 될 수 없습니다. 사실 사랑은 쉬운 것 같지만 노력과 정성을 들여야 합니다. 아이를 키우면서 말로 이래라저래라 하는 것은 지식의 특권이지만 사랑은 지혜로운 부모의 특권입니다.

누군가 20세기에는 글을 읽지 못하는 사람이 문맹이었지만 21세기에는 상대방의 마음을 읽지 못하는 사람이 문맹이라고 했습니다. 혹시 아이 마음을 헤아리지 못하는 21세기형 문맹자는 아닌지 되돌아보기 바랍니다.

사랑은 우리가 살아가는 이유이며 삶의 근원입니다. 누군가에게 사랑받았다는 기억이 한 사람의 일생을 행복하게 합니다. 사랑할 때 아이는 성장하고 사랑받을 때 아이는 행복합니다. 부모 역시 아이가 행복하게 잘 성장할 때 기쁘고 행복합니다. 이 책을 통해 여러분에게 사랑 방법을 안내해드리겠습니다. 지금부터 그 사랑 속으로 들어가 볼까요?

곽노의(서울교대 명예교수, 한국아동숲교육학회 회장)

　장성오 님의 『엄마의 사랑법』은 대학에서 유아교육철학 강의를 37년 6개월하고 퇴직한 내가 유아를 둔 부모, 어쩌면 예비 부모에게 더 들려주고 싶은 내용이다. 이중에서도 내게 가장 들려주고 싶은 글을 뽑으라면(필자의 유아교육철학이 일맥상통하게 흐르기에 옥석을 가리기는 어렵지만), '현명한 부모는 1%가 다르다' '완벽한 부모는 아이를 영재 돌연변이로 만든다' '진짜 사랑을 알면 아이가 보인다'이다.

　유아교육철학 시간에 늘 강조했던 것은 "플라톤의 정의는 아레테(Arete, 德)의 구현이다. 아레테의 어원은 '그를 그답게'다. 따라서 참교육은 아이를 저마다 타고난 소질에 따라 '아이를 아이답게' 키우는 것이다"였다.

연천 민통선마을 농부이신 우리 아버지는 이렇게 농사를 지으셨다. 똑같이 뿌리를 먹는 식물인데도 인삼은 그늘막을 쳐주고 도라지는 노지에서 키우셨다. '인삼을 인삼답게' '도라지를 도라지답게' 키워야 꽃피고 열매 맺는 것을 아셨기 때문이다. 이렇게 나를 키우셨기에 서울교대 교수가 되고 이 글을 쓰는 것이라 생각한다. 비 오는 오늘 부모님이 무척 보고 싶다.

좋은 책 출간을 진심으로 축하드립니다.

차례

4장
부모의 1%만 바뀌어도 아이 인생이 달라진다

부모가 된다는 것은 아이가 태어났기에 가능한 일이다.
부모가 된 이상 한 생명의 책임자다. 그렇다면 부모 역할을 어떻게
해야 할까? 아이는 태어나면 엄마와의 애착으로 시작하므로
고유한 본능인 애착 본능으로 심리적 유대감을 갖는 것이 중요하다.
그 시작을 사랑으로 해보자. 사랑은 아이를 성장시키고 행복하게 한다.
아이와 함께 하는 지금 이 순간 부모의 사랑의 기술이
빛을 발하게 해보자.

1장

아이가 태어날 때
부모도 태어난다

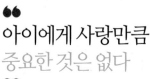

아이에게 사랑만큼
중요한 것은 없다

부모는 아이들에게 늘 사랑 고백을 해야 한다. 그리고 귀하다는 생각으로 어루만져주어야 한다. 아이들은 사랑받아야 살 수 있기 때문이다.

사랑은 시린 겨울을 녹이고 봄이 오게 한다

내가 운영하는 유치원에서는 매주 한 번씩 부모들과 만난다. 유아교육자인 나는 아이 키우는 부모들의 속마음을 알 수 있고 애환도 직접 들을 수 있어 그날을 손꼽아 기다린다. 그런데 부모의 아이 사랑이 생각보다 훨씬 커서 사랑인지 집착인지 분간하기 어려울 때도 있다. 그러나 결론은 이 세상에 자기 자식을 사랑하지 않는 부모는 없다는 것이다.

부모 교육을 하면서 엄마·아빠들과 이런 질문을 주고받는다.

"아이 양육에서 가장 중요한 것이 무엇일까요?"

"그야 사랑 아니겠어요."

"그렇죠, 사랑이죠. 그럼 사랑이 무엇이라고 생각하세요?"

"사랑은 함께하는 것이죠."

"사랑은 이해하는 것이죠."

"사랑은 포용하는 것이죠."

"사랑은 나누는 것이죠."

"사랑은 …."

많은 부모가 사랑은 함께하는 것이고 이해하는 것이고 포용하는 것이라고 대답한다. 사랑의 뜻을 사전에서 찾아보면 이렇게 나와 있다. "어떤 사람이나 존재를 몹시 아끼고 귀중히 여기는 마음. 또는 그런 일." 사랑은 많은 것을 담아내는 포괄적 의미로 사용된다. 그래서 많은 부모가 사랑하기 때문에 화도 내고 질책도 한다고 말한다.

그러나 그것이 과연 사랑일까? 질책과 화가 아이를 아끼고 귀중히 여기는 사랑이 될 수 있을까? 사랑의 이름으로 사랑이 아닌 것을 아이에게 쏟아 붓는 것은 아닌지 한번 생각해보아야 한다.

몇 해 전 여섯 살 순영이가 유치원에 들어왔다. 순영이는 발달이 느려서인지 또래와 놀이를 함께 하지 못하고 말을 한마디도 안 했다. 처음에는 유치원이 낯설어서 그런 게 아닐까 싶어 일단 관찰을 해보았다. 아이는 여러 날이 지나도록 말을 하지 않을뿐더러 잘 듣지도 않았다. 그러다보니 자기 마음에 들지 않으면 물건을 던지거나 친구들을 때리는 폭력적 행동을 자주 했다.

2주일을 관찰한 결과 순영이는 사람과 눈을 마주치지 못하고 활동할 때도 자기가 하고 싶은 대로 했다. 원하는 것은 교구장에 올라가서라도 가지려 하고 여섯 살인데도 기저귀를 차고 다녀서 친구들의 놀림을 받았으나 아랑곳하지 않았다.

순영이는 교사와 수업이 전혀 이루어지지 않았으며 공동생활의 규칙은 하나도 따르지 않았다. 교사와 상호작용을 하지 않을 뿐 아니라 아이들과도 놀이 활동을 전혀 하지 못했다. 순영이가 반응을 보이는 것이 두 가지 있었는데 그중 하나는 스크린이었다. 순영이는 영상물을 보면 집중하고 캐릭터가 움직이면 캐릭터와 눈을 맞췄다. 또 하나는 순영이가 유치원에 와서 처음 얼굴을 본 박 선생님이다. 순영이는 박 선생님만 '선생님'이라고 생각했다. 수업을 하다가도 박 선생님을 찾아가 안기는 등 친근감을 표시했다. 아이에게 각인 현상이 일어난 모양이었다.

이런 상황은 시간이 지나도 전혀 바뀌지 않았다. 그래서 순영이 엄마에게 전화로 아이의 행동에 대해 이야기했다. 그럴 때마다 순영이 엄마는 눈물을 흘리며 잘 돌보아달라고 했다. 그러나 3개월 정도 아이를 지켜보았지만 나아지지 않았고, 공동체 활동을 하는 유치원에서 더는 그대로 둘 수 없어 상담을 요청했다.

"어머님, 어서 오세요."

"원장님, 죄송해요."

"어머님, 순영이를 가정에서 어떻게 키우시는지 궁금해서요."

"우리는 순영이가 너무 예쁘고 사랑스러워서 아이가 하는 대로 그냥 두었습니다. 제가 아이 옆에 있는 동안은 아이가 하는 행동을 다 허용했어요. 아이는 그렇게 키우는 줄 알았습니다."

"아, 그러셨군요. 가정에서는 아이가 말을 잘하나요?"

"알아듣기는 하는 것 같은데요. 그냥 말이 늦다고 생각했어요. 조금 더 크면 괜찮아질 거라고⋯."

"네, 순영이가 유치원에서 어떻게 활동하는지 한번 보시겠어요?"

나는 그동안 순영이를 관찰한 내용을 영상으로 보여주었다. 순영이 엄마는 한참을 보다가 울음을 터뜨렸다. 아이가 발달이 늦는 것 같은데 교육방송을 보면 좋아질 것 같아 계속 텔레비전을 틀어놓고 보게 했으며, 아이도 좋아해서 그냥 두었다고 했다. 순영이가 어릴 적에는 유치원에 보내지 않았는데 왠지 그러면 안 될 것 같은 생각이 들어 여섯 살이 되었을 때 용기를 내서 유치원에 보냈다고 했다.

순영이 엄마는 그것이 자기가 할 수 있는 최선이라고 생각했다며, 선생님에게도 유치원에도 미안하다고 했다. 순영이가 발달이 늦은 것은 알았지만 어떻게 해야 할지 몰라 선생님들이 힘들어할 줄 알면서도 유치원에 보냈다고 했다.

나는 순영이 엄마에게 순영이가 또래에 비해 발달이 늦은 것을 알고만 있을 게 아니라 발달상황을 점검해보는 일이 필요하니 꼭 전문기관을 찾아가 상담을 받아보라고 했다.

한바탕 아이에 대해 이야기하고 난 순영이 엄마는 아이 양육에서 두려움을 털어내고 자신감을 얻은 듯했다. 그런 순영이 엄마가 순영이에게 사랑의 물길을 열어줄 거라는 믿음이 생겼다.

부모의 올바른 사랑법이 중요하다

사랑이라는 이름으로 아이를 힘들게 하거나 방치한다면 그것은 올바른 사랑이 아니다. 특히 부모라면 심장부터 따뜻한 사랑의 마음을 올바로 지녀야 한다. 그렇지 않으면 아이를 힘들고 아프게 할 수 있다. 아이에게는 사랑의 물길을 열어주는 것이 필요하다. 늘 아이에게 관심을 기울이고 놀아주면서 발달과정에 맞게 크는지 점검하고 양육방법을 공부해서 적용하는 노력이 필요하다.

사랑의 양육은 아이를 이해하는 것으로 시작한다. 그러면 아이의 행동과 마음이 보이고 아이가 처한 상황도 보인다. 아이를 사랑한다면서 예전 모습 그대로 머물러 있다면 아이는 사랑의 주인공이 될 수 없다. 부모가 먼저 변하려고 노력해야 한다.

특히 영유아기는 기쁨의 회로가 열리는 시기다. 이때 아이가 기쁨의 감정을 누릴 수 없다면 올바르게 성장할 수 없다. 기쁨을 찾는 것은 사랑의 문 앞에 당도하는 최고의 방법이기 때문이다. 부모가 보기에 아이가 많이 부족해도 포근히 감싸주고 기다려주고 다독여준다면 아이는 온 세상을 기쁨과 사랑으로 품을 수 있다.

우리 유치원에서는 늘 "사람에게는 누구나 사랑이 필요합니다. 당신을 사랑합니다"라는 노래가 유치원 주제곡처럼 흘러나온다. 그러면 아이들이나 선생님이나 부모님이나 모두 흥얼흥얼 따라 부른다.

사랑은 전기와 같아서 끌지 켤지는 부모에게 달려 있다. 부모가 아이에게 '찌릿' 하고 사랑의 전기를 흘려준다면 아이는 비로소 사랑에 눈뜨게 되고, 그 사랑을 주변에 전기처럼 흐르게 한다. 이렇게 사랑의 마음이 모이고 모이면 커다란 사랑 발전소가 된다. 그러면 우리 아이뿐만 아니라 이 세상 모든 아이가 사랑이 꽃피는 정원을 누리게 된다.

아이들은 아직 부모의 감춰진 사랑을 느낄 수 없다. 그래서 엄마·아빠는 아이에게 '우리는 너를 사랑해. 너는 귀한 존재야'라고 느끼게 해주어야 한다. 많은 부모가 그 과정에서 어려움을 느끼지만 사실 이는 어려운 일이 아니다. 아이 말을 경청하고 공감해주는 것, 그것이 사랑의 기초다.

작은 울타리를 만들어 아이를 안전하게 가둬놓기보다는 초원을 뛰어놀게 하고 위험이 닥치면 언제든 달려가는 것이 사랑이다. 이렇게 했는데도 아이가 사랑받는다는 느낌을 갖지 못한다면 그것은 아직 부모가 미숙하기 때문이다.

사랑은 많은 것을 바꾸는 힘이 있다. 그리고 사랑받는 아이는 어디에 가든 사랑받고 또 사랑을 준다. 그렇기에 부모는 아이들에게 늘 사랑을 고백하고 아이들을 귀한 마음으로 어루만져야 한다. 아이들은 사랑으로 크고 사랑받아야 살 수 있다.

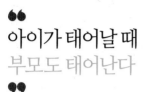

아이가 태어날 때
부모도 태어난다

부모인 당신은 몇 살인가? 아이가 다섯 살인가? 그렇다면 엄마·아빠도 다섯 살 어린아이가 되어 맘껏 신나게 놀아주어야 아이의 세상 속으로 들어갈 수 있다.

나도 이제부터 부모!

부모가 되는 것은 아이가 태어났기에 가능한 일이다. 나도 3일이 넘는 산통을 이겨내고 엄마라는 이름을 얻었다. 어떤 엄마가 되어야 하는지, 어떻게 아이를 키워야 하는지 아무 준비도 없이 느닷없이 엄마가 되었다.

'아! 나도 이제 엄마네.' 처음에는 기쁘고 뿌듯하고 행복한 한편 참 신기했다. 마음속으로 '엄마' '엄마' 되뇌며 '엄마'라는 단어를 가슴에 품고 아기를 마주했다. 못생긴 아기의 새까맣고 깊은 눈이 나를 빨아들일 듯 맑고 고요했다.

'내가 이 아이 엄마가 되었구나.' 입술을 오물거리고 발가락을 꼼지락거리며 가끔 웃는 아이를 바라보면서 반갑기도 했지만 어색했다. 검지로 아이의 얼굴이며 눈썹, 코 등을 살짝 만지면서 나도 모르게 눈물이 흘렀다.

어느 날은 아이를 쳐다보며 밤을 지새웠다. 아마도 엄마가 된 기쁨과 동시에 책임감이 온몸으로 느껴졌기 때문이었을 것이다. 엄마가 되면서 나도 제2의 탄생을 맞이했다. 이제 완전히 새로운 역할을 맡아 새 삶을 시작해야 했다.

아이가 태어나자 내 삶의 리듬은 모두 아이에게 맞춰졌다. 밥을 먹는 것도 잠을 자는 것도 생각하고 공부하는 것도 모두 아이에게 맞추었다.

그 과정에서 아이를 더 잘 키우고 싶다는 욕심이 생겼다. 그래서 아이에게 좋다는 음식, 옷, 놀이, 육아방식 등 많은 것을 찾아나서는 엄마가 되었다. 마치 사냥꾼처럼 말이다.

갓난아이를 들쳐 업고, 아이에게 좋다는 음악 프로그램에 참여하기 위해 열혈 엄마가 되었다. 음악이 나오면 아이가 리듬을 타는 모습을 보면서 뿌듯해했다. 그렇게 최선을 다하는 나 자신이 자랑스러웠고 아이를 잘 키우고 있다고 스스로 위안했다.

초보 엄마는 아이에게 무엇이 중요한지, 어떻게 하는 것이 아이 발달에 맞는지보다 눈에 확 뜨이고 멋있어 보이는 상업적 정보에 따라 발 빠르게 움직였다. 이런 것들이 아이가 자라서 잠재력을 최대한 발휘하게 해줄 거라는 마음으로.

어떻게 하면 아이를 똑똑하게 키울까? 늘 그런 고민을 하면서 똑똑한 아이로 키우는 데 양육의 초점을 맞추었다. 아이와 접촉하고 눈을 맞추고 뒹굴며 노는 시간을 포기하면서까지 책을 보여주거나 영상물을 보여주며 아이가 반응하는 것에 박수치고 좋아하는 어리석은 엄마가 되었다. 아이의 욕구, 기질, 성향 등은 무시한 채 내 기준에 따라 아이를 몰아갔다.

하지만 초보 엄마로서 내 역할은 조금씩 삐거덕거리기 시작했다. 아이는 무기력한 모습을 보이기도 했고 틱 증세를 약간씩 보이기도 했다.

유치원에 오는 부모들을 보면 내가 초보 엄마였을 때 겪었던 시행착오를 하는 이들이 많다. 아이를 잘 양육하겠다는 마음만으로 아이의 정서와 심리를 무시한 채 과도한 학습으로 내모는 경우도 많다. 그러면 내 아이가 그랬던 것처럼 그 아이들도 무기력해져 흥미를 잃어버리고 짜증이 심해진다.

아이들은 미소를 짓거나 찡그리거나 해서 자기감정을 부모에게 알리는데 부모인 나는 이런 아이들 몸짓에 잘 반응하고 한껏 안아주었는가? 아이들은 엄마의 쓰다듬기나 긍정적인 기분과 미소로 자기감정을 진정시키고 마음 체계를 조절한다. 또 부모의 행복한 얼굴을 보며 기쁨으로 반응한다.

엄마·아빠가 화가 났거나 슬픈 표정을 보이면 아이도 부모의 기분을 따라서 자기 기분을 만든다. 그래서 지혜롭고 민감한 부모는 긍정적인 반응을 보이거나 적절한 반응을 미리 준비하기도 한다. 그러면 아이는 부모에게서 원하는 반응을 이끌어내는 시도를 한다.

아이와 엄마·아빠의 이런 자극과 반응은 사회적 대화의 출발점이다. 그러니 과도한 외부 자극에 기대기보다 가정에서 따뜻하게 보살피며 아이가 성장하고 발달해나가는 모습을 즐겁게 바라보고 도와줄 필요가 있다.

유치원에서는 학기 초에 유치원 교육과정에 대한 오리엔테이션을 한다. 그때 "아이가 다섯 살인 어머님, 아버님 손들어보세요" 하면 다섯 살 부모들이 손을 번쩍 든다. "지금 손드신 부모님은 모두 다섯 살입니다"라고 하면 여기저기서 웃음이 터진다. 이렇게 시작하는 이유는 다섯 살 아이의 마음을 조금이라도 헤아리기를 바라는 마음 때문이다.

그런데 아이를 잘 가르쳐야 엄마·아빠 역할을 제대로 하는 것이라는 자기 확신으로 아이를 키우는 부모가 많다. 나도 초보 엄마였을 때 '나는 엄마니까' 하면서 아이를 잘 양육하기 위해 이것저것 좋다는 것을 아이에게 열심히 시켰다. 아이 생각과 마음은 아랑곳하지 않고 밀어붙이기로 아이를 힘들게 한 것이다. 지금 생각해보면 '내가 진짜 엄마였나?' 하는 자조 섞인 말이 저절로 나온다.

"엄마, 나 이거 외우기 싫어요."
"그래도 외워야 해. 이거 외우지 못하면 내일 상 못 받아…."

아이가 모 방송국에서 주최하는 웅변대회에 유치원 대표로 나가 최우수상을 받았는데 엄마로서 그때 기쁨은 이루 말할 수 없었다. 그러나 아이는 스트레스로 원형탈모가 왔다. 아이를 과도한 경쟁으로 몰아넣고 힘들게 해서 아이는 하나도 기쁘지 않았고 부모만 기뻤던 일이 비일비재했다.

그때를 생각하면 왜 그렇게 아이 양육에 무지했는지 후회스럽다. 따뜻함이라고는 찾아볼 수 없고, 아이가 무엇을 좋아하는지 싫어하는지 상관없이 엄마가 주고 싶은 것만 아이에게 주었으니 그 어리석음이 지금은 후회와 아쉬움으로 남아 있다.

만일 내가 다시 아이를 키운다면 아이와 같이 어린아이가 되어 함께 신나게 뒹굴고 놀아주고 즐거워할 것 같다.

부모들이 놓치지 말아야 할 것 중 하나가 아이에게 맞게 부모 역할과 감정을 조절해야 한다는 것이다. 아이가 태어나면 곧 부모로서 많은 부분이 다시 정의되는데, 이로써 상당히 많은 부분이 바뀐다. 부모는 힘들어도 아이를 중심에 놓고 아이 욕구를 채워주며 자신의 욕구와 양육활동을 잘 조절하는 것이 필요하다.

때로는 아이 양육 앞에서 현실과 충돌하기도 하고 자신의 세계관과 이상 사이에서 흔들리기도 해서 혼란에 빠질 수도 있다. 더욱이 아이가 언제나 예쁘고 사랑스러운 존재는 아니라는 사실을 발견하기도 한다.

예를 들어 아이가 엄마·아빠를 힘들게 하거나 떼를 쓰거나 물건을 부수는 등 극단적이거나 공격적인 행동을 보일 때도, 갑작스러운 변화에 따른 예상치 못한 스트레스에도 슬기롭게 대처하고 자기 감정을 들여다보며 조절할 수 있어야 한다.

이처럼 엄마·아빠로 태어난다는 것은 기쁜 일이기도 하지만 힘겨운 여정일 수도 있다. 그러나 양육은 서로를 살펴주고 성장시킨다. 특히 부모들이 아이들을 따뜻하게 보살펴주고 돌보아줄 때 아이들은 부모에게서 따뜻하게 대하는 법을 배우게 된다. 따라서 부모와 아이는 상호작용하는 동반자로 거듭 태어난다.

내 아이가 다섯 살인가? 그렇다면 엄마·아빠도 다섯 살이다. 다섯 살 어린아이가 되어 신나게 놀아주는 부모가 되어야 아이의 세상 속으로 들어갈 수 있다. 엄마가 계속해서 가르치고 훈계하는 부모로 옆에 있으면 아이는 자신의 세상으로 엄마·아빠가 들어오지 못하도록 문을 닫아버린다.

아이와 함께하는 지금 이 순간이
변화할 순간이다

지금 옆에 있는 소중한 아이와 가족을 사랑하고 그들과 함께하는 것이 무엇보다 중요하다. 시간은 어느 누구도 기다리는 법이 없으니까.

이 세상에서 가장 중요한 때는 언제일까

"이 세상에서 가장 중요한 때는 언제일까?"
"이 세상에서 가장 중요한 사람은 누구일까?"
"이 세상에서 가장 중요한 일은 무엇일까?"

이는 톨스토이의 세 가지 질문이다. 늘 마음속에 새기는 이 글귀는 내게 어떻게 살아야 할지 방향을 제시해준다. 얼마 전 부모 교육을 할 때 나는 이 질문을 부모 교육에 참여한 엄마들에게 했다.

"여러분, 이 세상에서 가장 중요한 때는 언제라고 생각하세요?"

많은 부모가 '지금'이라고 대답했다. 지금이 중요하다는 것은 많은 부모가 알고 있다. 그런데 중요한 지금을 어떻게 보내야 하는지에 대해서는 중요하게 생각하지 않았다.

유치원에서 공개 수업이 있는 날, 많은 아이가 엄마·아빠가 유치원에 오니까 좋아서 수업을 하면서도 들떠 있었다. 그중 기범이는 전혀 집중하지 못하고 자꾸 엄마를 보느라 뒤를 돌아다보았다. 그럴 때마다 기범이 엄마는 눈을 크게 뜨며 선생님을 쳐다보라고 눈짓을 했다.

그런데도 기범이는 자꾸 엄마를 살폈다. 엄마는 그것이 못마땅했는지 수업이 끝나자마자 기범이에게 가서 손으로 기범이를 밀치더니 호되게 몰아세웠다.

"야, 너 지금 똑바로 안 하고 뭐 하는 거야?"

기범이 엄마의 이 한마디에 교실은 순간 조용해지면서 모두의 눈이 기범이에게 집중되었다. 그러자 엄마는 더욱더 화가 나서 아이를 몰아세우듯이 데리고 교실 밖으로 나갔다.

물론 아이가 잘못했을 때는 훈육이 필요하다. 하지만 엄마를 쳐다보느라 수업에 집중하지 못했다는 이유로 많은 사람 앞에서 아이를 몰아세우는 것은 훈육이 아니라 엄마 체면만 생각한 잘못된 행동이다. 아이가 왜 그랬는지 이유를 먼저 물어보아야 한다. 아이가 그런 행동을 한 데는 분명히 이유가 있기 때문이다.

부모님이 유치원에 오면 아이들 반응은 대부분 두 가지로 나뉜다. 부모님이 지켜보면 보통 때보다 더 즐겁게 수업을 잘하는 아이가 있는가 하면 평소에는 잘하다가도 엄마·아빠 눈치를 보는 아이가 있다.

부모가 평소에 아이를 통제할 경우 아이는 스스로 자신을 믿지 못해 부모 눈치를 살피게 된다. '내가 잘할 수 있을까? 틀리면 엄마, 아빠가 뭐라고 하시지 않을까?' 아이는 걱정이 된다. 이때 뒤돌아보는 아이에게 눈빛으로 '괜찮아' 하면서 고개를 끄덕여줬다면 아이는 열심히 수업에 집중하면서 부모에게 최선을 다하는 모습을 보였을 것이다.

그러나 기범이 엄마는 아이의 자존감을 살펴줄 기회를 놓쳤다. 더군다나 아이에게 가장 중요하고 의미 있는 사람이 바로 엄마라는 것조차 놓친 것일 수 있다. 삶에서 가장 중요한 때는 바로 지금 이 순간임을 잊지 말자.

나는 아이를 낳자마자 친정 엄마에게 맡기고 주말에나 아이를 만났다. 아이가 네 살이 되어서야 함께 살게 되었는데 그때는 아이가 엄마와 애착관계가 형성되지 않아서 그랬는지 엄마만 보이지 않으면 마구 울었다. 아이는 아무리 맛있는 것을 주고 장난감을 주어도 울음을 그치지 않았다. 그러다 엄마가 나타나면 아이는 울음을 뚝 그쳤다.

이처럼 모든 아기에게 가장 중요한 사람은 엄마다. 엄마는 아이에게 가장 중요하고 소중한 사람 그 이상이다. 따라서 아이의 어떤 모습이라도 인정해주고 아이 곁에는 항상 든든한 엄마가 있다는 것을 알게 해주는 것이 필요하다. 아이 마음을 헤아리고 소통하기 위해 노력하는 엄마는 아이에게 최고의 친구이자 사랑 그 자체다.

언젠가 부모 교육을 할 때 오프닝으로 "여러분에게 가장 중요한 사람은 누구인가요?"라고 물은 적이 있다. 많은 부모가 자녀, 배우자, 부모님이라고 대답했다. 나 또한 여느 부모들과 다르지 않다. 그러나 너무 가까운 사이다보니 지나치기 쉬운 것들이 많다. 부모의 감정과 기분에 따라 아이들을 대하는 방식이 다르거나 표현하는 방식도 다를 수 있다.

예를 들어 아이가 하는 행동을 엄마인 내 기분에 따라 언제는 용납하고 언제는 화를 내는 일관성 없는 행동을 하게 된다. 이는 부모가 스스로 자신을 중요한 사람이라고 생각하지 않고 사랑하지 않기 때문이다. 엄마·아빠 스스로 자신을 사랑하지 않으면 아이나 배우자는 물론 주위 사람들과 따뜻하고 좋은 관계를 만들 수 없다. 따라서 먼저 나를 행복하게 하고 사랑으로 가득 채우는 것이 무엇보다 중요하다.

이 세상에서 가장 중요한 일은 무엇일까

유치원에 들어오는 아이들을 보고 있으면 나도 모르게 미소가 지어진다. 꼬물거리며 지어내는 표정 하나하나를 놓치고 싶지 않을 정도로 아이들은 정말 사랑스럽다. 이렇게 이 순간의 느낌을 매일같이 마주하는 나는 행복한 사람이다.

얼마 전 유치원에서 근무하던 김 선생님이 백일이 안 된 아이를 데리고 유치원에 왔다. 아이의 눈빛 하나하나를 놓치지 않고 반응해주고 쓰다듬어주는 그 모습이 얼마나 행복해 보이던지 부럽기만 했다.

내 아이들에게도 저런 시간이 있었는데 그때 나는 어떻게 보냈는지 생각이 나지 않았다. 일을 하느라 아이들과 함께하는 시간들을 놓쳐버렸기 때문이 아닐까 싶다. 아이가 무엇을 원하는지, 무엇을 좋아하는지, 어떻게 해야 편안해지는지 그때는 잘 몰랐다. 지금에 와서 돌이켜보니 아쉬움만 남는다.

아이가 한참 예쁠 때 아이와 소소한 일들을 함께하지 못한 나는 지금도 아이를 보면 미안하고 마음이 아프다. 놀이동산에도 함께 가주지 못하고 가족이 함께 식사하는 것조차 하지 못한 죄책감에 늘 시달린다.

지금에 와서 뒤돌아보니 남는 시간에 몰아서 아이들과 함께 보내는 것이 아니라 아이가 필요하다고 신호를 보낼 때 짧더라도 자주 같이 있어주는 것이 아이에게 줄 수 있는 가장 좋은 선물이었다.

어느 책에서 가장 늦은 때란 없다는 구절을 읽었는데 이것이 내 삶에서 늘 커다란 위안을 준다. 가장 중요한 때는 말할 것도 없이 지금 이 순간이다. 계속 후회한들 아무 소용이 없으며 지금이라는 이 순간을 놓치면 더 중요한 많은 것을 놓치게 된다.

엄마·아빠가 아이와 함께 누릴 수 있는 행복, 기쁨 등 다양한 감정을 누려보자. 지나간 시간은 아이의 성장 아이콘이다. 이러한 시간이 쌓여 아이 인생이 된다. 엄마·아빠가 아무리 바쁘더라도 아이와 함께하는 시간을 가능한 한 놓치지 않았으면 좋겠다.

지금 부모 역할을 다하지 못한 것 같아 마음에 걸리는 것이 있는가? 그렇다면 바로 지금 이 순간부터 시작해보자. 아이와 시간을 나누지 못했다면 지금 이 순간 아이와 함께하는 시간을 가져보고 아이와 눈을 맞추자. 그리고 관찰해보자. 그러면 서서히 아이들 세계 속으로 들어갈 수 있다. 그것이 영유아기에 부모가 아이에게 주는 가장 중요하고 위대한 일이며 부모인 내가 행복해지는 길이다.

시간은 사람을 기다려주지 않는다. 지금 옆에 있는 소중한 내 아이와 가족을 사랑하고 함께하는 것이 무엇보다 중요하다는 사실을 잊지 말자.

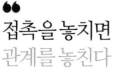

접촉을 놓치면
관계를 놓친다

아이는 생존권을 쥐고 있는 사람에게서 따뜻한 접촉을 받았을 때 안정감을 느낀다. 기저귀를 갈아주고 목욕을 시키는 것 역시 아이가 부모의 존재를 느낄 수 있는 최고의 시간이다.

엄마, 내 아이를 부탁해요

나는 어린 나이에 아무 준비 없이 엄마가 되었다. 좌충우돌 너무나 버겁고 힘겨운 양육과 일을 병행했기에 친정 엄마에게 아이를 부탁하게 되었다. 친정 엄마는 마다하지 않고 아이를 돌보아주셨다.

엄마는 어린 시절 나를 키우듯 전통적인 양육방법 그대로 내 아이를 돌보아주셨다. 내가 너무 바빴기 때문에 그냥 돌보아주시는 것만으로도 감사했다. 아이를 일요일 저녁에 맡기고 금요일 저녁에 데려오기를 6개월 정도 했다. 그러다보니 내 아이는 엄마·아빠보다 할머니·할아버지를 더 따르고 좋아했다.

아이가 그런 모습을 보이면 약이 오르면서 아이와 나 사이에 보이지 않는 벽이 있는 것 같았다. 나는 아이의 요구도 능숙하게 알아채지 못했고 민감하게 반응하지도 못했다. 더욱이 아이는 나와는 눈을 맞추려고 하지 않았으며 내가 안는 것조차 불편해했다.

아이는 익숙하지 않은 나에게 불안함을 느끼는 듯했다. 금요일 저녁 우리 집으로 데려오면 아이는 우유를 잘 먹지 않았으며 울고 보챌 뿐 아니라 잠도 잘 자지 않았다. 그러다보니 나는 아이 양육에 좌절감이 들었고 급기야 화가 났으며 힘에 겨워 쉽게 짜증을 냈다.

이렇게 서로 편안하지 않은 양육으로 아이는 면역력이 점점 떨어지고 예민해졌다. 날이 갈수록 양육 부담감은 차곡차곡 늘어가는 가운데 친정 엄마가 나에게 처방전을 하나 내놓으셨다.

"애야, 이 세상에서 아이를 가장 잘 아는 사람은 바로 엄마인 너여야 한다. 아이 우유 먹이는 것과 기저귀 갈아주고 목욕시키는 것, 특히 아이와 함께 자는 것은 꼭 엄마인 네가 해라. 그래야 아이와 신뢰가 쌓이고 애착이 생긴다."

'네가 하라'는 엄마 말씀이 자꾸 머릿속에 맴돌았다. 즉 '육아는 엄마가 하는 것'이라고 말씀하시는 것 같아 처음에는 서운했고, 아기 보기가 힘드시니까 저러는 것 아닌가 하는 오해도 했다.

그럼에도 나는 엄마 말씀에 따라 아이에게 우유 먹이는 것, 목욕시키고 함께 자는 것을 실천에 옮겼다. 밖에 나가서 일하는 것이 더 쉽다는 말이 절로 나올 정도로 아이와 함께하는 것은 힘이 들고 짜증이 나는 일이었다.

차츰 아이와 함께하면서 엄마가 되어가는 행복감은 뭐라 표현할 말이 없을 정도였다. 틈나는 대로 만져주고 말을 걸어주면서 아이 감각을 자극했더니 어느새 아이는 내 아이가 되어가고 있었다.

그렇다. 나는 먹이는 것과 함께 잠을 자는 것이 아이에게 가장 중요한 안정제라는 것을 알지 못했다. 그저 예뻐하기만 하고 좋은 것을 사주는 정도였다. 그렇기 때문에 아이는 너무 불안해서 엄마를 만나도 보채고 투정을 부린 것이다.

밥을 준다는 것은 아이에게 모든 것을 허락한다는 의미다. 아이도 생존권이 밥 주는 사람에게 있다는 것을 본능적으로 안다. 따라서 아이에게 밥을 준다는 것은 아이 생존권을 부모가 갖는 것이다.

아이는 생존권을 쥐고 있는 사람과 따뜻하게 접촉했을 때 안정감을 느낀다. 아이의 기저귀를 갈아주고 목욕시키는 것 또한 아이와 따뜻하게 접촉할 수 있는 최상의 방법이자 아이가 부모의 존재를 느낄 수 있는 최고의 시간이다.

이런 시간을 놓치지 않아야 아이와 좋은 관계를 놓치지 않는다.

이렇게 나는 엄마의 조언과 도움으로 부족하지만 그런대로 엄마 노릇을 할 수 있었다.

나는 할빠, 할마가 좋아

아이들 손을 잡고 들어오는 부모님을 보면 가끔 헷갈린다. 할머니인지 엄마인지 도무지 분간하기가 어렵다. 요즘은 아이 엄마같이 젊은 할머니도 많아서 가끔 실수하기도 하지만, 아이들도 엄마보다 할머니를 더 따르고 엄마 역할도 할머니가 거의 다 하는 가정도 있다.

이렇게 시류를 반영하듯 조부모 양육이 점점 더 늘어나면서 '할빠·할마'라는 신조어도 생겼다. 할아버지와 아빠를 합친 말인 할빠와 할머니에 엄마를 더한 말인 할마는 엄마·아빠의 새로운 아이콘이 되었다.

최근 맞벌이 가정 10곳 가운데 6~7곳 가정이 할빠·할마의 도움을 받을 정도로 할빠·할마는 주변에서 쉽게 볼 수 있다. 내가 운영하는 유치원에도 조부모가 아이를 양육하는 가정이 점점 늘고 있다. 그래서 조부모 교육을 유치원에서 준비하는 실정이다.

아이 엄마보다도 더 능숙하게 아이를 잘 돌보는 다섯 살 아름이 할머니를 소개하고 싶다. 아름이 엄마는 워킹맘이 아니지만 조부모님이 아름이 엄마의 육아에 관여하기 시작하면서 아름이를 도맡아 돌보아주신다. 그래서 아름이 엄마는 시부모에게 아이 양육을 의존하고 있다.

아름이 조부모님은 아름이 집으로 매일 출퇴근하고 육아일기까지 써가면서 사랑과 정성으로 아름이를 돌본다. 할마는 궁금하거나 어려운 사항이 있으면 상담전화까지 하신다.

유치원에서 엄마 참여 수업을 할 때다. 대부분 엄마들만 오는데 아름이는 할머니와 엄마가 함께 왔다. 그런데 아름이는 그날따라 엄마에게 착 달라붙어 수업에 집중하지 못하고 할머니 눈치를 보면서 할머니를 밀어냈다. 속이 상한 할머니는 급기야 화를 내면서 아름이를 채가듯 손을 잡아 끄셨다. 어쩔 수 없이 할머니 손에 이끌린 아름이를 할머니는 더 애지중지하고 뿌듯해하는 기색이었다.

아름이 엄마는 양육을 포기한 듯 방관자 같았다. 재정지원에서 아이가 먹고 입는 것 등을 비롯한 유치원에서 일어나는 일 대부분을 할머니가 맡아서 하기 때문에 아이 양육에 관한 모든 사항에서 주도권을 할머니가 가지고 있었다. 이럴 경우 겉보기에는 할머니가 다 해주어 편할 것 같으니 부러움을 살 수 있다. 그러나 양육관이 서로 다른 시부모와 갈등을 빚는 일이 많고 양육 기회를 놓쳐버린 아름이 엄마는 급기야 우울증에 시달리게 되었다.

이는 매우 드문 경우에 속하지만 양육의 경계를 분명히 해야 한다. 엄마는 엄마로서 역할을 다 해야 하고 초보라 부족해 보여도 엄마 역할을 잘할 수 있도록 길을 터주는 것이 할머니의 역할이라고 본다. 나 또한 내 딸이 아이를 낳으면 할머니로서 아이를 보살펴주겠지만 그 아이의 엄마 역할까지 하려는 것은 아니다.

내 딸이 엄마 역할을 주체적으로 잘하도록 선배 엄마로서 엄마 자리는 비워놓아야 한다. 우리 엄마가 나에게 엄마 자리를 내준 것처럼 내 딸 또한 좋은 엄마를 경험하도록 말이다. 세상 모든 것에는 각자 역할이 있다.

아이의 세상은
엄마와의 애착으로 시작된다

부모와의 건강한 애착 형성은 이후 아이의 문제행동을 해결하는 방법이며 인생을 결정하는 중요한 근거가 된다. 부모에게도 지혜롭고 유능한 부모가 되게 하는 사랑의 기술이 바로 애착이다.

아이의 손을 놓지 마라

고든 뉴펠드와 가보 마테가 지은 『아이의 손을 놓지 마라』에서는 애착에 관해 다음과 같이 말했다.

부모 노릇은 기술이나 아이에 대한 사랑만으로 충분하지 않다. 그러면 무엇이 필요할까? 발달학자들은 이것을 '애착(attachment)' 관계라 부른다. 한 아이가 어른에게 마음을 열고 부모역할을 허락하려면 아이가 어른에게 능동적인 애착을 가지고 그 어른과 접촉하고 가까이 지내는 것을 원해야만 한다. 초기에 이런 애착 욕구는 상당히 육체적이어서 아기는 말 그대로 부모에게 붙어 있고 안겨 있어야만 한다. 순리대로라면 이런 애착은 정서적인 친밀함으로 진화해가면서 마침내 심리적인 친밀감으로 발전된다. 이런 관계가 부족한 아이들에게 부모 역할을 하기란 매우 어렵다. 애착관계가 잘 맺어진 아이에게 부모는 세상으로 모험을 떠날 때의 베이스캠프이고 힘들 때 의지할 수 있는 은신처이고 영감의 원천이다. 아무리 뛰어난 양육 기술도 이 애착관계를 대신할 수는 없다. 아이와 부모의 애착관계는 적어도 아이가 부모를 필요로 할 때까지는 지속되어야 한다.

고든 뉴펠드와 가보 마테의 아무리 뛰어난 양육 기술도 애착관계를 대신할 수 없다는 말에 나 또한 동의한다. 유치원에서 어려움을 겪는 아이들은 부모와 애착 결핍이 원인인 경우가 많다.

애착이 필요한 아이들

아이가 애착 욕구를 본능적으로 가지고 태어나듯이 부모 또한 본능적으로 부모 역할을 하게 되는데, 이는 부모와 자녀 간에 지극히 당연하고 자연스러운 사랑의 현상이다. 그런데 여러 가지 이유, 즉 예기치 못한 분리나 엄마·아빠의 미성숙으로 인한 애정 결핍은 아이에게 건강하지 않은 상태를 가져와 아이 마음에 큰 상처를 남기게 된다.

유치원에서도 애착이 결핍된 아이들은 징후가 보인다. 그런 아이들은 지나치게 분리불안을 나타내거나 사물이나 사람에게 극도로 집착한다. 누군가에게 중요한 사람이 되기 위해 그들이 기뻐하는 것을 하면서 애정을 갈구하는 형태로 애착 추구 행동을 한다.

이런 행동을 하는 아이들은 스스로 좌절하거나 상처받기 일쑤이고 부모나 교사를 힘들게도 한다. 때로는 문제아로 여길 확률이 높아진다.

"우리 아이가 왜 그러는지 도통 모르겠어요. 혹시 유치원에 문제가 있는 거 아녜요?"라면서 남 탓을 하는 부모들도 있다. 아이들이 애착 부족 신호를 보낼 때 현명한 부모라면 먼저 아이들과 접촉은 잘하는지, 부족한 부분은 무엇이고 뭐가 잘못되었는지 살펴볼 일이다.

유치원에 처음 다니는 다섯 살 민용이의 엄마는 매일 민용이를 유치원에 데려다주는데 민용이는 아침마다 엄마와 떨어지지 않으려고 했다. 유치원에 다니기 시작한 지 거의 3개월이 되었는데도 민용이는 날이 갈수록 더 엄마와 떨어지지 않으려고 했다.

그런데 문제는 엄마가 민용이를 억지로라도 떼어놓고 돌아서는 순간 민용이는 아무 일도 없었다는 듯 팔짝팔짝 뛰어 교실로 들어간다는 것이다. 더군다나 유치원에서도 원만하게 잘 지내고 교사와 관계도 편안한데 유독 엄마와 헤어질 때 엄마를 힘들게 했다.

엄마 말을 들어보니 민용이가 이런 행동을 하는 이유가 있었다. 어느 날 엄마가 민용이를 재워놓고 잠깐 외출을 했다. 그런데 그 사이 잠에서 깨어난 민용이가 엄마가 보이지 않자 울고불고 난리가 났다. 더군다나 매일같이 놀아주던 아빠마저 외국으로 나간 뒤라서 민용이는 엄마도 아빠처럼 자신을 떠날까봐 분리불안을 가지고 있었다. 그래서 엄마가 잠깐만 보이지 않으면 매우 힘들어했다.

가장 강력한 믿음의 대상인 엄마가 잠에서 깬 순간 없었으니 얼마나 큰 상실감을 느꼈을까? 자신이 어디에 있는지, 꿈을 꾸는 것인지 알 수 없어 불안하고 초조했을 것이다. 아마 버려졌다고 생각했을 수도 있다. 나 또한 어린 시절 잠을 자다가 깨었는데 아무도 없이 조용하고 어두웠을 때 너무 무서워 이불을 뒤집어쓰고 한참 울었던 기억이 있다.

선생님이 "민용아, 이리 와. 선생님이 안아줄게. 민용이가 친구들이랑 씩씩하게 보내다 보면 엄마가 데리러 오실 거야"라면서 따뜻하게 안아주었다. 매일같이 선생님과 따뜻한 애착관계를 맺은 민용이는 차츰 편안해했으며, 엄마 또한 매일같이 같은 시간에 민용이를 데리러 오셨다.

이렇게 3개월을 하고 나니 '엄마가 약속을 꼭 지키는구나' 하는 믿음이 생겼는지 민용이는 이제 엄마와도 잘 떨어진다.

이렇게 애착은 아이의 심리적 안정과 신뢰에 영향을 미치고 엄마나 주양육자에게 기댈 수 있게 한다. 중요한 애착 대상과 접촉이 끊기는 일이 없도록 해야 아이가 정서적 안정을 찾고 편안한 관계를 맺을 수 있다.

이 사례 외에도 엄마가 끊임없이 잔소리를 하거나 주의를 주는 행동, 즉 "야, 내 말 좀 들어봐" "엄마가 말할 때는 쳐다봐야지" "방금 엄마가 뭐라 했어" 등의 잔소리는 아이와 애착관계가 약해졌다는 증거다.

애착 욕구가 충족된 아이들

앞서 말했듯이 애착 본능은 자동으로 나타난다. 아이들은 까르르 웃거나 옹알옹알하거나 고개를 끄덕거리는 등 애착 구애를 한다. 이때 부모 또한 아이 눈길을 끌기 위해 아이 얼굴을 바라보며 눈을 맞추고 미소 짓고 얼러주어야 한다. 이렇게 영유아 초기에 맺어진 서로의 애착 추구 행동은 부모와 자녀 사이에 강력한 유대감이 형성되어 오랜 기간, 즉 아이가 독립할 때까지 지속되어야 한다.

유치원에 처음 다니는 다섯 살 별이는 유치원 입학 당시 며칠간 분리불안을 나타냈다. 별이는 "엄마가 보고 싶어요" "엄마는 내가 없어서 마음이 아플 것 같아요" "언제 집에 갈 수 있어요" 하면서 선생님에게 껌딱지처럼 붙어 있었다. 이런 행동은 언뜻 부적응으로 볼 수 있지만 자기 생각을 똑바로 말할 수 있다는 것은 정서적으로 건강하다고 볼 수 있고 아이가 엄마와 건강한 애착관계를 형성했다는 증거다.

이러한 증거는 며칠이 지나고 나서 바로 확인되었다. 별이는 눈에 보일 정도로 활력이 넘쳤고 친구들에게도 친절했으며 호기심이 넘쳐났다. 엄마가 어떻게 양육했는지 물어보고 싶을 정도로 아이는 남달랐다.

"별이 어머님, 별이가 가정에서는 어떻게 지내요? 별이는 유치원 활동을 늘 즐거워하고 기뻐하는 모습이 너무 예뻐요. 표현도 잘하고 호기심도 많고 친절하고 활력이 넘치는 걸 보면 어머님의 남다른 양육 비결이 있을 것 같아요."

"원장선생님, 별다른 건 없어요. 그냥 아이와 재미있게 놀아주고 토닥토닥해주고 눈을 많이 맞추면서 얼굴을 많이 바라보려고 노력해요. 제가 조금 더 신경 쓰는 것은 별이 존재에 대해 엄마·아빠가 기뻐한다는 것을 알려주려는 거예요. 다들 그렇게 하지 않나요?"

별이 엄마는 많은 엄마가 놓치고 있을지도 모르는 것을 놓치지 않았다. 부모에게서 사랑받는다는 느낌, 존중받는다는 느낌, 보호받는다는 느낌, 기쁨을 주는 존재라는 느낌을 느꼈기에 별이가 따뜻하고 활력이 넘치며 애착 이동도 바로 할 수 있었다.

별이처럼 부모에게서 애착 욕구가 충분히 충족되면 애착 대상이 바뀌어도 애착이 잘 이동하는 것을 볼 수 있다. 이렇게 부모 말고 선생님에게도 애착을 잘 형성하는 것은 아이가 가진 사랑의 능력이다. 애착관계는 아이 환경에서 가장 중요한 요인이다. 따라서 가정에서는 아이가 편안하게 잘 애착할 수 있도록 애착 환경을 만들어 줄 의무와 책임이 있다.

부모와의 건강한 애착 형성은 이후 아이의 문제행동을 해결하는 방법이 되며 인생을 결정하는 중요한 근거가 된다. 또한 부모에게도 지혜롭고 유능한 부모가 되게 하는 사랑의 기술이 곧 애착이다.

만약 애착 형성 시기인 영유아기에 애착이 불안하게 형성되거나 결핍된다면 그에 따른 정서불안과 분리불안으로 성인이 되어서도 정서불안 또는 문제적 성향을 일으켜 행복하게 살지 못하는 불행한 결과를 낳게 된다. 이것은 성인이 되어서라도 치유해야 한다. 그러나 완전 치유가 되지 않는다는 것이 많은 심리학자의 공통된 분석이다.

무조건 받아주는 것은
사랑이 아니다

부모는 늘 우선적으로 아이에게 그럴만한 이유가 있었을 거라는 것을 알아주고, 아이 마음을 진정으로 인정해주어야 한다. 이것이 아이가 건강하게 성장하는 좋은 방법이다.

무조건 받아주는 사랑 vs. 무조건적인 사랑

영유아기 학부모에게 부모 교육을 할 때면 입버릇처럼 세 살까지는 무조건적인 사랑이 중요하다고 말한다. 이는 0세에서 3세까지는 몸도 마음도 충족된 사랑, 즉 부모와 자녀 사이에서 애착의 중요함을 말하고 싶어서이기도 하지만, 애착이 아이의 건강한 정서적 성장에 빼놓을 수 없는 자양분이기 때문이다.

영유아기에는 부모가 아이를 무조건적으로 사랑해서 아이가 '엄마·아빠는 내 편이구나' 하는 것을 느끼도록 하는 것이 중요하다.

그렇게 되면 부모와 신뢰 관계를 형성해 타인을 신뢰할 수 있고 세상을 보는 눈 또한 긍정적으로 된다. 이렇게 무조건적인 사랑을 받은 아이는 부모 품에서 자연스럽게 잘 성장한다.

그러나 아이 행동을 못마땅해하거나 때로는 힘들고 지쳐서 아이에게 지시하거나 부정적인 감정을 가진다면 아이는 금세 눈치채고 '나는 부족한 아이구나' '환영받지 못하는 존재구나' 하면서 죄의식에 빠져 스스로를 무의식 속에 가두게 된다. 그러면서도 아이는 엄마에게 껌딱지처럼 딱 달라붙는다. 왜 그럴까? 아이에게 생존본능, 즉 살아남아야 한다는 본능이 프로그램되어 있어 부모의 어떤 모습이든 힘들어도 감수하며 견디는 것이다.

그런데 여기서 다 받아주는 것이 무조건적인 사랑이라고 착각하고 있지는 않은지 생각해보아야 한다. 예를 들어 세 살도 되지 않은 아이에게 핸드폰을 쥐어주는 행위, 식당을 마구 뛰어다녀도 그냥 두는 경우, 장난감을 사달라고 조르면 무조건 사주는 경우, 다른 사람 앞에서 떼를 쓰며 목적을 달성하고자 할 때 원하는 대로 해주는 경우…. 주위에서 흔히 볼 수 있는 이런 모습은 보는 이에게까지 눈살을 찌푸리게 한다.

과연 부모의 이런 행동이 아이를 존중해주고 사랑하는 것인가? 이는 아이가 원하는 대로 따르는 행동일 뿐이다. 아이의 이런 행동을 부모가 제어하지 않는다면 아이는 힘을 가지게 되어 더 떼쓰는 아이가 된다. 그리고 갖고 싶거나 필요한 것들이 있으면 요청하지 않고 무조건 떼를 쓴다. 이렇게 무조건 받아주는 것은 부모의 권리를 포기하는 것과 같다.

그렇다면 무조건적인 사랑은 무엇을 의미할까? "나는 아무 조건 없이 사랑해"라고 자신 있게 말할 수 있는가? 감정에 휘말리지 않고 아이를 대할 수 있는가? 아이가 잘못했어도, 비뚤어진 행동을 해도 아이를 조건 없이 사랑할 수 있는가? 무조건 다 받아주는 것과 무조건적인 사랑을 구별할 수 있는가?

아무 조건 없이 아이들을 있는 그대로의 존재로 지지해주고 사랑한다면 당연히 최고의 부모다. 그러기 위해 노력해야 한다는 사실을 깨닫는 것이 필요하다.

초보 엄마일 때 부모 교육 강의를 들으면서 무조건적인 사랑에 대해 고민한 적이 있다. '나는 과연 내 아이들에게 무조건적인 사랑을 충분히 주었는가?' 그런데 답은 '아니다'였다. 사랑받을 만한 행동을 했을 때 사랑을 준 기억이 더 많은 것을 보니, 나는 조건적인 사랑을 무조건적인 사랑이라고 착각한 채 아이를 키운 것이다.

"시험 잘 봤어? 그럼 선물 사줄게."
"말 잘 들었으니까 용돈 줘야지."
"인사 잘했으니까 칭찬해줘야지."

늘 조건을 달고 그 조건이 충족되었을 때 "우리 착한 딸, 엄마는 너를 사랑한다" 하면서 조건부 사랑을 퍼부었다. 여전히 조건부 사랑에서 완전히 자유로워졌다고 말할 수 없는 현실이 슬프다. 나를 비롯해 조건부 사랑에 익숙한 부모는 지금 내가 나를 소중히 생각하는지 돌아보아야 한다. 왜냐하면 무조건적인 사랑은 충족된 자기 사랑에서 나오기 때문이다.

무조건적인 사랑은 부모인 '나'와 연관이 있다. 부모인 '나'가 흐려지면 삶에 문제가 생기는 것은 물론, 특히 양육 장면에서는 더 치명적인 오류가 발생해 감정에 휘말리는 부모가 될 수 있다. 좋은 부모가 되고 싶다면 먼저 자신을 따뜻하게 보살피고 사랑해야 한다.

아이는 자기 존재가 주목받을 때 사랑받는다고 느낀다

매주 금요일은 아이들이 유치원에 맘껏 뽐내고 오는 공식적인 날이다. 스페셜 데이라고 할 정도로 아이들은 이날을 즐거워한다. 어떤 아이는 나를 톡톡 건드리며 자기가 신고 온 양말을 보여준다. 다른 아이는 신발을, 또 다른 아이는 머리띠를 보여준다.

아이들의 이런 행동을 나는 아이들이 "저 여기 있어요. 나 좀 보아주세요"라고 말하는 것으로 해석한다. 일종의 소통 방법인데 나에게서 자신의 존재를 확인받고 정서적으로 내 편이라 여기고 싶은 것이다.

그렇지 못할 경우 아이는 자기 존재를 확인받기 위해 부정적인 방법으로라도 애를 쓰는 일에 더 많은 시간을 들이게 된다. 그렇기 때문에 나는 아이들의 움직임을 놓치지 않으려고 많이 노력한다. 이렇게 사소하지만 자기 존재를 맞이하고 주목해주면 아이들은 안정감을 느낀다. 안정감이 충족되면 아이들은 사랑받는다고 느끼고 다른 것에도 관심과 흥미를 가지게 되며 행복감에 휩싸여 고등지식으로 나아간다.

아이들과 사이가 좋지 않은 다섯 살 은수가 있다. 은수 엄마는 "우리 은수가 미운 다섯 살인가 봐요"라는 말을 입에 달고 살면서 아이와 함께 있는 것은 '양육지옥'이라는 말도 서슴없이 했다. 아이 키우는 것이 얼마나 힘들기에 저럴까 싶겠지만 유치원에서 은수가 하는 행동을 보면 엄마가 그럴 만도 하겠다는 생각이 든다.

선생님은 은수가 친구 얼굴에 상처를 내며 친구와 싸웠어도 은수를 따뜻하게 안아준다. 사람들은 아이가 잘못했을 때 선생님이 훈계하지 않고 안아주면 '너는 옳다'고 지지해주는 것이라 여긴다. 그리고 아이가 힘을 얻어 반성하지 않고 행동을 더 악화할 수 있다고 본다. 그러나 중요한 것은 아이의 행동은 혼내는 것으로 바로잡을 수 없다는 사실이다.

아이는 '분명 그럴 만한 이유가 있을 거야' 하면서 믿어주고 수용해주는 사람의 존재를 통해 정서적으로 안정감을 느끼고 다음에 어떤 행동을 할지 결정한다. 따라서 옳지 못한 일을 한 아이를 안아줌으로써 정서적인 편이 되어주고, 나중에 아이를 올바른 길로 인도하는 것이 더 효율적이다. 즉, 장기적으로 긍정적인 변화를 일으킬 수 있다는 말이다.

은수처럼 친구와 다투고 힘겨루기를 했을 때 '네가 이렇게 행동했을 때는 분명한 이유가 있을 거야'라고 생각하는 것은 아이 존재를 절대적이고 확실하게 수용하는 것이다. 실제로 자기편을 만난 은수는 더 좋은 행동을 하려고 노력했다.

은수처럼 심술을 부리거나 친구를 괴롭히는 등 무례하게 굴어도 교사나 부모에게 여전히 사랑받는다고 느낀다면 바르지 못한 행동 양상에 변화를 가져올 수 있다. 따라서 교사나 부모는 늘 먼저 아이에게 그럴 만한 이유가 있었을 거라는 점을 알아주고, 아이의 마음을 진정으로 인정해주어야 한다. 그것이 바로 아이가 느낄 수 있는 조건 없는 사랑의 근원이자 건강하게 성장하는 지름길이다.

양육에도 지켜야 할
경계가 있다

부모와 아이 사이에도 '사이'가 중요하다. 가장 가깝고 좋은 '사이'이지만 지나치게 밀착되거나 벌어지지 않도록 분명하고 명확한 경계가 있어야 행복한 '사이'가 될 수 있다.

고슴도치 딜레마에 빠지다

이봉희가 지은 『내 마음을 만지다』에 철학자 쇼펜하우어의 고슴도치 딜레마 이야기가 나온다.

"숲속을 산책하다 우연히 고슴도치들을 만난 쇼펜하우어는 그들의 모습을 관찰합니다. 한겨울이 되자 고슴도치들은 서로의 체온으로 추위를 견디기 위해 가까이 다가갑니다. 그런데 가까이 다가가면 갈수록 서로의 가시에 찔려 상처를 입고 놀라 물러나기를 반복합니다. 그렇게 다가가고 상처 입고 물러나고 또 다가가면서 그들은 뭔가를 배우고 있었습니다. 바로 서로의 체온을 느끼면서도 상처를 주지 않는 적당한 거리였습니다. 고슴도치들은 그렇게 적당한 거리를 유지하면서 추운 겨울을 견디고 있었습니다. 쇼펜하우어는 고슴도치들을 보면서 인간관계도 그들과 같다는 것을 알았습니다."

이 글을 읽으면서 결혼 초 힘들었던 가족관계가 생각났다. 우리 시댁은 부모와 자식들 사이는 물론 자식들끼리도 관계가 너무 돈독해서 갓 결혼한 나로서는 이해하지 못하는 상황이 자주 일어났다.

예를 들면 우리 부부관계에 가족이 지나치게 간섭하거나 예고 없이 불쑥 집에 찾아왔다. 또 문제가 생기면 다 같이 나서서 해결해주려고 할 만큼 시댁 식구가 지나치게 밀착되어 있어 서로에게 서운함과 상처를 가져왔다.

물론 가족이기 때문에 그럴 수도 있다. 그러나 그 범위가 내 상식으로 허용할 수 있는 것보다 훨씬 넓어서 결혼 초보인 나는 늘 소외감을 느꼈으며 갈등과 외로움 속에 지내야 했다. 더 큰 문제는 내가 시댁 식구에게 다가가기를 꺼리게 되었다는 것이었다. 시행착오를 수없이 겪고 내 나이 지천명이 넘어서야 비로소 적당한 거리를 배우고 유지하게 되었다.

우리 시댁 식구의 경우 경계선이 모호하고 심리적으로 밀착된 가족이라고 볼 수 있다. 그렇기 때문에 모든 문제에 서로 지나치게 얽혀 필요 이상으로 관여하고 참견하는 것이다. 가족 간 경계선은 고정되어 있지 않아서 때에 따라 밀착되기도 하고 거리를 두기도 하는데, 지켜지지 않는 불분명한 경계선 때문에 서로 갈등 상황에 놓이게 된다.

가족 간의 명확한 경계는 특히 아이가 건강한 가족관계를 형성하는 데 중요하다. 가정은 아이가 처음으로 경험하는 사회이자 기본적인 관계의 틀이기 때문이다. 가정 안에서 경험하고 습득한 모든 경험은 이후 삶 전반에 그대로 반영된다. 따라서 부모는 자녀에게 건강한 가족관계의 경계선을 잘 형성해주어야 한다.

아이와 너무 밀착되어 있는가, 아니면 너무 거리를 두고 경직되어 있는가? 너무 밀착되어 있다면 아이가 부모에게 매달리거나 불안해하는 등 의존적인 모습을 보이고, 다양한 대상과 관계를 맺는 데 힘들어할 수 있다.

너무 거리를 두게 되면 관계에 미숙하고 자존감이 떨어지는 등의 모습이 보이기도 한다. 특히 자신이 존중받지 못한다고 생각해 다양한 관계를 어려워하고 불편해한다. 이렇게 양육에서도 가족관계의 영향은 중요하며, 부모가 아이와 경계를 인정할 때 아이는 독립적으로 잘 성장한다.

부모·자식 간에 경계 세우기

부모가 낳기는 했지만 아이는 각자 고유한 개별적 존재다. 따라서 개개인이 여유로울 수 있는 공간이 필요하다. 즉, 서로 적당한 경계가 있어야 한다. 부모·자식 간에 경계를 명확하게 세운다 해도 눈에 보이지 않아서 지키기가 어렵지만, 부모는 경계를 잘 인지할 수 있어야 올바로 양육할 수 있다.

다음은 영유아기에 부모가 경계 세우기를 할 때 필요한 몇 가지 제안이다.

첫째, 부모가 먼저 경계를 인식해야 한다.

40대 후반인 승리 엄마는 전업주부다. 승리 엄마는 남편과 사이가 좋지 않아 많은 시간과 열정을 아이에게 집중한다. 그러다보니 아이의 아주 작은 부분까지 신경 쓰게 되고 자연스럽게 과보호했다. 엄마는 승리에게 자신의 해결하지 못한 욕구를 전가하기도 하고 푸념하기도 하는데, 승리는 그런 엄마의 푸념에 익숙해져서 가정에서는 엄마를 위로하고 의젓하게 행동한다.

엄마는 승리의 그런 모습을 보면서 아이가 아이답지 못하다고 또 우울해한다. 승리는 유치원에 오면 자기보다 약한 아이들에게 모든 스트레스를 풀어내거나 온통 짜증과 화를 내서 아이들과 다툼이 심해진다. 때로는 선생님에게 자신이 친구들에게 괴롭힘을 당했다고 고자질한다.

아이의 행동에는 여러 가지 이유가 있겠지만 이렇게 엄마와 경계가 무너질 때 아이는 자신도 모르는 사이에 친구들 때문에 화가 났다면서 비약적으로 분노를 표출한다. 이런 감정은 아이와 부모 간의 경계가 불분명하다는 사실을 나타낸다. 가정에서 경계선이 확실하지 못한 아이는 타인과의 경계선 역시 혼란을 겪어 대인관계에서 공감능력이 부족해진다. 따라서 아이의 사회적 건강을 위해서 부모가 먼저 경계를 인식해 바람직한 가족관계를 이루어내야 한다.

둘째, 과잉보호로 경계를 넘지 말아야 한다.

전에 인기리에 방영된 드라마 〈SKY 캐슬〉은 대한민국 부모의 자화상을 담아낸 듯했다. 자녀에게 거는 기대가 지나쳐 자기 삶을 모두 헌신하는 부모는 아이를 병들게 한다. 아이 삶을 부모가 계획하고 만들어간다면 아이가 성취도에 큰 만족을 느끼지 못할뿐더러 독립심이 떨어져 성인이 된 후 홀로서기에 큰 어려움을 겪을 것이다.

부모는 아이에게 보호의 벽을 쌓는 것이 아니라 경계를 분명히 해서 아이를 안전하게 보호하면서도 아이가 스스로 배우고 독립적으로 살아갈 수 있도록 보살펴야 한다. 즉 부모는 늘 내가 아이를 과잉보호하지는 않는지 자신을 돌아봐야 하며, 자기 문제를 아이에게 덧입히지 말아야 한다. 부모의 욕심이나 꿈을 반영해 보호라는 이름으로 아이와의 경계를 무너뜨리면 안 된다는 말이다.

셋째, 너와 나를 구별할 줄 알게 해야 한다.

영유아기 아이들은 내 것과 남의 것을 구별하지 않는다. 이는 발달적인 특징인데 자기중심적이기 때문이다. 아이들은 자기 것이 먼저 충족되어야 다른 사람의 것을 볼 수 있다. 따라서 다섯 살 이전까지 아이들은 충분하게 자기 것에 집중할 수 있도록 도와주어야 내 것과 내 것 아닌 것을 스스로 구별하게 되어 나눌 줄도 알게 된다.

정신과의사 정혜신 박사는 『당신이 옳다』에서 "상대방의 주권을 인정하지 않는 행위는 경계를 침범하는 행위다. 주권이 훼손되면 사람은 모욕감, 모멸감, 수치심과 함께 그로 인한 분노가 생긴다. 이런 감정들이 올라온다면 내 경계가 침범당하고 있다는 신호다. 그리고 모든 존재는 존재 자체로 독립적이고 온전한 심리적 메커니즘을 가졌다"라고 했다.

영유아기 아이들이 자기 것에 너무 집착해 나누지 못하는 것은 지극히 자연스러운 현상이므로 부모들은 걱정하기보다 아이들의 욕구를 일정 부분 채워주며 상대방의 존재를 자각하게 해주어야 한다. 그래야 다른 사람과 나눌 힘이 생기며 내 것과 남의 것의 경계를 조절할 수도 있다.

현명한 부모라면 먼저 건강한 경계를 인식할 줄 알아야 한다. 아이에게 가장 가까운 사이인 부모일수록 아이와 명확한 경계선이 있어야 한다.

현명한 부모는
적당한 거리를 유지한다

엄마는 사랑이었지만 아이는 실망으로, 서운함으로 기억할 수도 있다. 가족 간 경계 세우기가 제대로 되었다면 아이와 엄마 사이의 거리도 안전하게 유지될 것이다.

부부 사이의 적당한 거리

앞에서 말한 고슴도치 딜레마에서처럼 부부 사이 거리도 마찬가지다. 고슴도치의 사랑을 보면 고슴도치 부부는 사랑해서 서로 꼭 껴안는다. 그러나 곧 느껴지는 통증에 얼른 떨어졌다가 금세 보고 싶어져 아팠던 것을 잊은 채 또 껴안는다. 서로 아픈 상처를 치유해주며 아프지 않을 적당한 거리를 만들어가는 것이 곧 부부간이다.

남편과 잠자리에 들면 너무 사랑스러워 서로 꼭 껴안고 잘 때가 있는데, 그러면 콧김에 숨이 막힐 것 같아 잠을 이루지 못하고 뒤척

뒤척하다가 다시 밀어내기를 반복한다. 이는 전형적인 고슴도치 부부의 모습이다. 이때 느끼는 것이 적당한 거리가 필요하다는 것이다. 부부관계든 가족관계든 적당한 거리를 유지했을 때 그 거리 안에서 건강하고 유익한 것의 통로를 확보할 수 있다.

부부간에 적당한 거리를 유지하기 위해 가족 간 경계 세우기가 제대로 되었다면 아이와 엄마 사이 거리도 안전하게 유지된다. 가정은 아이에게 최고의 학교이기 때문이다. 아이는 부모가 하는 말을 듣고 행동하는 모습을 보면서 배우고 익힌다. 따라서 가족 간 경계 세우기가 제대로 되었다면 부부 사이 거리도 아이와 엄마 사이 거리도 안전하게 유지된다고 볼 수 있다.

자, 지금 점검해보자. 부부 사이에 우리 아이들이 왔다 갔다 할 수 있는 적당한 거리를 유지하는지 말이다. 간격이 너무 넓어 느끼지 못하게 하고 있는지, 아니면 지나치게 밀착되었거나 너무 좁아 드나들 수 없게 하고 있는지 살펴보아야 한다.

교류 분석 부모 교육을 할 때 있었던 일이다. 어릴 적 내 부모의 모습은 어땠는지 서로 이야기하다가 윤진이 엄마가 느닷없이 남편 이야기를 했다.

"우리 남편은 아이 같아요. 아직도 엄마를 못 벗어났어요. 게다가 나한테 엄마를 원하는 것 같아요. 남편이 계속 '엄마, 엄마' 하는 통에 내가 엄마인지 아내인지 분간이 안 갈 때가 많아요. 지겨워 죽겠어요. 그냥 시어머님에게 보내버리고 싶다니까요."

그 자리에 있던 사람들이 한바탕 웃었으나 윤진이 엄마 눈에 눈물이 그렁그렁한 것을 보고 예삿일이 아님을 직감했다.

남편은 시어머니를 안쓰러워하고 시어머니 또한 조금만 서운한 일이 있으면 "내가 너를 어떻게 키웠는데" 하며 화를 내고 삐치신다고 했다. 그러면 착한 아들은 엄마 비위를 맞추느라 아내를 서운하게 한다고 했다. 윤진이 엄마는 남편이 어머니 아들로만 사는 것 같아 속상하다고 했다. 남편과 시어머니 사이가 너무 밀착되어 있고, 더군다나 아내에게서 엄마를 원하는 것은 남편이 아직도 정서적으로 어머니와 분리되지 못했기 때문이다.

이렇게 윤진이네처럼 원가족 관계가 밀착되거나 혼란스러운 경계 안에서는 현재 가족도 뒤엉킨 경계가 이어질 수밖에 없다. 윤진이 엄마는 시어머니와 늘 사랑을 경쟁해야 하는 위치에 있다보니 누군가에게 사랑을 집착하게 되는데 그 대상이 바로 윤진이가 될 확률이 높다.

따라서 윤진이 아빠가 자기 어머니에게서 심리적으로 독립해야 한다. 그래야 윤진이 엄마와 윤진이가 건강한 가족 경계 안에서나 경계 밖에서도 행복할 수 있다. 가족은 적당한 거리를 유지하기 위해 서로 노력해야 한다. 그것이 존중이고 배려이며 가족에 대한 최소한의 예의다. 장길섭의 『가족은 선물입니다』에 이런 글귀가 나온다.

"우리는 사랑으로 자녀들을 키워야 합니다. 사랑으로 잘 키운다는 것은 언젠가는 자녀들을 떠나보내야 한다는 뜻입니다. 자녀가 잘 컸다는 것은 때가 되면 스스로 부모를 떠날 줄 안다는 뜻입니다. 가족의 병리는 그때그때 나이에 맞게 떠나보내야 하는데 떠나보내지 못할 때, 떠나야 하는데 떠나지 못할 때 생깁니다. 가족은 때가 되면 떠나게 되어 있고 떠나보내게 되어 있습니다. 그것이 사랑입니다. 그렇게 떠나야 다시 가족으로 함께하는 것입니다. 떠나지 못하고 의존과 집착으로 맺어진 가족은 건강하지 못하고 성숙할 수 없는 가족입니다."

그러면 관계에서 적당한 거리는 어느 정도인가?

서로 조정하지 않는 거리

아이를 키울 때 엄마가 착각인 줄 모르고 착각하는 것 가운데 하나가 내 아이이기 때문에 아이의 생각과 느낌은 고려하지 않고 내 마음에 맞도록 아이를 키운다는 것이다. 헌신과 희생으로 자식을 조정하고 사랑이라는 이름으로 아이에게 최선을 다했다고 한다. 그러고 보면 모든 부모는 아이를 사랑했다고 하는데 아이는 힘들고 아팠다고 한다.

얼마 전 큰딸 선용이와 쇼핑을 했다. 나는 쇼핑을 별로 좋아하지 않지만 선용이가 엄마와 쇼핑하는 친구들이 제일 부러웠다고 말한 것이 마음에 걸려 아이가 쇼핑을 가자고 하면 따라 나섰다. 이때 선용이는 어린 시절 자기가 느꼈던 이야기들을 풀어놓았다.

"엄마는 조종자야. 엄마는 사랑이라는 이름으로 나를 옴짝달싹못하게 가두었지."

"내가 언제 그랬냐?"

"엄마는 매사에 그랬어. 엄마 말은 다 옳았거든. 그런데 내 생각과 마음은 쪼그라들고 아팠지. 그래서 나는 엄마가 하라는 대로, 시키는 대로 해야만 했어. 그렇지 않으면 내가 잘못될 것 같았거든."

"잘 모르겠는데 구체적으로 말해야 알지."

"초등학교 2학년 반장선거 했을 때 생각 나 엄마? 그때 두 페이지가 넘는 연설 원고를 다 외워서 학교에 갔더니 담임 선생님이 너무 잘한다면서 반마다 다 돌아다니며 원고 외운 것을 발표시켰지. 물론 나도 반장이 되고 싶었지만 너무 힘들었어!"

"그게 왜? 엄마는 뿌듯하고 기뻤는데."

"엄마, 생각해봐. 그때 꼬맹이가 빼곡한 원고 두 페이지를 다 외웠다는 것을."

"그러니까 자랑스러운 거지?"

"내가 왜 악착같이 외웠겠어? 엄마한테 잘하는 모습을 보여주고 칭찬받고 싶어서였지."

"그랬어?"

"엄마는 나에 대한 기대치가 너무 높았어. 나는 너무 부족하다고 생각하는데 엄마 기대치가 너무 높아서 죽을 것 같았거든."

"그러면 힘들다고 했어야지 바보처럼 왜 말을 못하고."

"그러게. 그때는 왜 그랬는지 모르겠지만 엄마 말을 안 들으면 내가 잘못될 것 같았고 엄마는 꼭 내가 거역하지 못하도록 남 앞에서 늘 칭찬을 했어. 그러니까 나는 그렇게 할 수밖에 없었지."

"엄마도 처음이라 잘 몰라서 그랬지. 미안해!"

나는 그렇게 말을 얼버무릴 수밖에 없었다. 나는 사랑해줬던 것만 기억하는데 아이는 다른 것을 기억했다. 그냥 내가 좋아서 내가 하고 싶은 대로 준 사랑을 아이가 잘 받아주면 좋겠지만, 그렇지 않고 강압이나 자신을 조정하려는 신호로 받아들인다면 곧 멈추는 것이 필요하다. 엄마는 사랑이었지만 아이는 실망으로, 분노로, 서운함으로 기억할 수도 있으니 말이다.

누가 뭐라 해도 양육은
사랑 그 자체여야 한다

이 책을 읽으면서 내 아이 또는 가족과 이웃 등 많은 사람과 건강한 사랑을 나누며 살고 있는지 점검해보길 바란다. 아이 양육에서 제1의 덕목은 사랑이다.

어떤 부모가 되어야 하나

사람들이 사랑에 대해 말은 많이 하지만 사실 사랑하는 것은 쉽지 않다. 어찌 보면 사랑이 어렵기 때문에 사랑에 대해 이야기하고 노래까지 만들어 사랑이 쉽지 않음을 알리는 듯하다.

세상을 살면서 사랑은 가장 중요한 덕목이면서도 쉽지 않다. 더구나 사랑만큼 우리가 막연히 아는 것도 드물다. 아이 양육에서도 사랑을 말하지만 정작 구체적으로 어떻게 하는지 또는 내가 잘하는지 잘 모르기도 한다.

이 책을 읽으면서 내 아이 또는 가족과 이웃 등 많은 사람과 건강한 사랑을 나누며 살고 있는지 점검해보길 바란다. 아이 양육에서 제1의 덕목은 사랑이다. 물론 부모가 되면 아이를 돌보고 외부 위협으로부터 보호해주는 등 아이가 편안하고 안락함을 느끼도록 사랑을 저절로 하게 되는데 이것이 바로 모성본능이다. 그러나 아이 양육에는 모성본능과 함께 모성행동이 중요하다. 모성행동은 학습이나 경험을 통해 만들어지는 경향이 강하기 때문에 사람마다 다를 수 있다.

강명신의 양육서 『어떤 부모가 되어야 하는가』에 자녀 양육을 나무를 가꾸는 것에 비유한 구절이 있다.

"자녀 양육은 나무처럼 아이도 어릴 때부터 올바로 이끌어줘야 곧게 자란다. 그렇다고 좋은 것을 많이 가르쳐주는 것이 바람직한 것도 아니다. 그보다는 적더라도 바른 것을 경험시키는 것이 중요하다. 양육은 양으로 만족하는 대식가가 아니라 질을 중시하는 미식가와 같다. 따라서 아이에게 많은 책을 읽게 하는 것 또한 그다지 바람직하지 않다. 나무를 키울 때는 뿌리에 물을 주어야 쑥쑥 자라나 꽃과 열매가 튼실해진다. 뿌리는 내버려두고 가지에만 물을 주면 나무가 제대로 자라겠는가. 풍성한 결실을 기대할 수 없다."

이렇듯 자녀 양육은 어떻게 양육했느냐에 따라 여러 가지 모습으로 나타난다. 따라서 부모와 건강하게 사랑을 나누는 몇 가지 방법을 제안한다.

첫째, 신뢰감이 생길 수 있도록 따뜻하게 보살펴주는 사랑이 필요하다.

엄마·아빠는 아이에게 안전한 하늘이어야 한다. 즉 안전지대가 되어야 한다. '나에게 무슨 일이 생기면 엄마·아빠가 도와줄 거야. 그러니까 괜찮아'라는 마음이 들도록 심리적으로는 물론 신체적으로 함께 놀아주는 정서적 관계가 유지되어야 한다. 따뜻하게 보살펴주는 사랑은 부모와 최초의 좋은 경험을 통해서 가능하다. 경험이 없고 본보기가 없으면 아이는 불신감이 생겨나서 자신도 못 믿고 나아가 세상을 못 믿게 된다.

영유아기에는 좋은 관계를 경험하게 하는 것이 좋다. 이를테면 부모를 비롯해 친구, 교사, 유치원 등 좋은 관계를 만나서 충분한 사랑을 나누어야 한다.

둘째, 자율성이 싹틀 수 있도록 아이를 존중해주고 기다려주는 사랑이 필요하다.

아이는 서너 살쯤 되면 "내가 할 거야" 하면서 스스로 시도하고 넘어지면서 안간힘을 쓴다. 이때 엄마가 어떤 행동을 하느냐에 따라 자신이 원할 때 조절할 수 있게 되거나 조절하지 못하는 아이가 된다. 자신이 무엇인가를 원할 때 스스로 조절할 수 있으면 '그래도 난 할 거야'라는 자율성이 생긴다.

이렇게 자율성이 생길 때 부모가 어떤 방법을 가르쳐주지 않아도 스스로 목표를 설정하고 다양한 방법을 찾아내 시도하고 또 시도한다. 어려움이 있어도 포기하지 않고 앞으로 나아가는 것이다. 이처럼 힘들더라도 자꾸 시도해보는 아이로 키우는 것이 어떤가? 그러려면 '~할지라도 그래도 엄마는 너를 사랑해'라며 존재 자체를 인정받을 수 있는 부모의 든든한 사랑이 있어야 한다.

셋째, 아이 움직임을 허용해주는 사랑이 필요하다.

영유아기 아이들은 잠시도 가만히 있지 않고 움직이고 또 움직인다. 이때 "쓸데없는 짓 그만하고 공부해" "쓸데없는 짓 그만하고 책 읽어"라고 하면서 가만히 있으라고 하지는 않는가? 혹시 그렇게 하고 있다면 잠시 멈추고 좋은 부모가 되어보자.

좋은 부모나 좋은 선생님은 아이 움직임을 관찰하고 허용한다. 더 나아가 아이 움직임 속으로 들어가 함께한다. 왜냐하면 좋은 부모는 아이의 모든 움직임은 쓸데가 있는 것이라는 걸 금세 알아차리기 때문이다.

이렇게 자기 스스로 움직여보는 것을 허용받고 존중받은 아이는 무슨 일이든 주도적으로 한다. 주도성을 키우기 위해 모험놀이를 따로 시킬 필요가 없다. 부모와 애착관계가 잘 맺어졌거나 충분한 사랑을 받고 인정을 받으면 아이는 모험놀이를 시키지 않아도 주도성이 저절로 발현되기 때문이다. 주도성이 있는 아이는 목적이 생기고 능력이 발휘된다. 그렇게 되면 아이는 불가능한 것도 꿈을 꿀 수 있게 된다.

넷째, 아이를 꿈꾸게 하는 부모가 최고 부모다.

양육의 초점을 이제 아이를 꿈꾸게 하는 것에 맞추어보면 어떨까? 그동안 우리는 아이들을 너무 못살게 굴지 않았나? 아이들을 생각 없이 공부하게 하면서도 '너를 위해 그러는 거야'라고 핑계를 대고 아이들에게 공부를 잘하라고 밀어붙이지는 않았는가? 내가 이루지 못한 것을 아이를 통해 대리만족하기 위해 밀어붙이지는 않았는가?

더 늦기 전에 생각을 바꾸고 행동을 바꾸어야 한다. 아이가 꿈을 꾸게 되면 방법은 스스로 만들어내고 누가 시키지 않아도 스스로 배우게 된다. 이때 아이에게는 스스로 할 수 있다는 유능감도 생긴다.

아직도 아이에게 주입식 교육으로 가르치려고만 한다면 세상의 흐름에 뒤처진 부모일 수 있고, 아이는 꿈을 꾸는 것 자체가 불가능할 수 있다는 것을 명심하자. 어느 누군가가 불가능의 꿈을 꾸고 도전했을 때 우리는 달나라에 가는 것이다.

앞서 제안한 네 가지를 한번에 해결하는 방법이 있다. 바로 부모가 서로 사랑하면서 좋은 삶을 사는 것이다. 부모가 좋은 삶을 살고 본보기가 되었을 때라야 아이도 잘 성장할 수 있다. 그렇지 않으면 어떠한 좋은 방법으로 아이를 양육한다 할지라도 쉽지 않게 된다.

사랑은 자식을 내 것으로 만들려는 것이 아니다. 오히려 인정하고 수긍할 때 아이는 온전해진다. 먼저 부모인 나를 이해하고 자식을 이해하는 길에서 부모는 사랑의 궁극적인 완성을 기대할 수 있다. 아이가 사랑받았다는 기억과 부모가 사랑했다는 실감이 융합할 때 서로 편안한 행복을 선물받는다.

아이는 보살핌을 받지 않으면 살 수 없다.

지속적인 보살핌을 받으면서 부모를 보고 자신을 인식한다.

절대적인 존재라고 생각한 부모가 아이의 거울이 되는 것이다.

아이는 행동, 말투, 표정, 가치관, 세계관을 비롯한 모든 것을

부모를 보며 그대로 흡수하고 받아들이는데, 특히 영유아 시기에

꼭 필요한 부모의 사랑과 인정을 통해 자신의 세계를 만든다.

그러므로 부모는 아이의 안전한 하늘이 되어야 한다.

2장

부모는 아이에게
온 세상이다

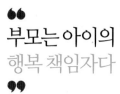

부모는 아이의
행복 책임자다

부모는 아이 손을 절대로 놓지 말고 아이가 옆에 있는 것만으로도 감사하고 행복하자. 부모는 아이의 행복 책임자이니까.

행복이란 무엇인가

'내가 부자가 된다면…' '우리 아이가 1등을 한다면…' '아이가 성공한다면….' 우리는 흔히 무엇을 이루면 행복할 거라고 생각하지만 사실 꼭 그렇지만은 않다. 누군가에게 행복하지 않은 것처럼 보이더라도 당사자가 행복하다고 느낀다면 행복이듯, 행복은 스펙트럼이 매우 넓기 때문이다.

이처럼 행복의 관점은 지극히 주관적이므로 한 가지로 정의할 수 없다. 더군다나 외부적인 것에서 행복을 찾는다면 행복하지 못할 확률이 크다. 부자가 된다고 모두 행복한 것이 아니고 아이가 1등을 했다고 모두 행복한 것이 아니다. 그렇다면 어떤 것이 행복일까? 스스로 묻고 답해야 한다.

"나는 행복한가?"

나 또한 초보 엄마일 때는 아이가 공부를 잘하면 행복할 거라고 생각했으며 성공해야만 행복할 수 있으리라고 생각했다. 그러다보니 매일매일이 힘겹고 불만족스러워 행복하지 않은 때가 많았으며 주변 사람도 힘들게 했다.

그러나 요즘은 가까이 있는 사람이나 친구들과 함께 즐거운 시간을 보내고 맛있는 음식을 먹으며 좋아하는 일을 하는 순간순간의 일상이 행복하다. 얼마 전 유학 간 늦둥이 윤경이에게서 전화가 왔다.

"엄마, 여기에서 공부할 수 있게 길을 열어줘서 고마워요. 숙제가 너무 많아 힘들고 어렵지만 공부하는 과정이 정말 재미있어요. 내가 알고 싶고 하고 싶은 공부를 하게 되어 정말 좋아요. 한국에서는 학교 끝나고 나면 가기 싫은 학원 다녀야 하고 공부하는 기계처럼 다람쥐 쳇바퀴 돌듯 시험을 잘 보기 위한 공부를 했다면 여기서는 나 스스로 찾아보고 실험해보고 토론하는 과정이 나랑 잘 맞는 것 같아요. 진짜 공부를 하는 것 같아 나도 모르게 설레고 수업이 기다려져요. 모두 엄마 덕분이에요.

평소에 엄마가 저에게 했던 말들이 살아 움직이는 것처럼 쏟아져 나오는 것을 느낄 수 있고 자신감이 마구 생겨요. 친구들과도 잘 지낼 수 있어서 좋아요. 엄마가 내 엄마여서 행복해요. 이런 기회를 주셔서 정말 감사해요. 엄마, 사랑해요."

아이는 좋은 느낌을 감추지 못하고 엄마인 나에게 감사 인사를 했다. 멀리 떼어놓은 것 같아 걱정을 많이 했는데 이렇게 자기 일을 스스로 찾아서 하는 행복감을 마주한 아이를 보니 더욱 기뻤다.

아이가 유학 가기 전에 늦둥이라 멀리 보내지 않으려고 애썼다. 아이는 지금 엄마·아빠랑 있는 것이 너무나 행복하지만 몇 년 지나면 후회할 것 같아 유학을 가고 싶다며 간절함을 보였다.

아이의 간절함에 우리 부부는 아이를 유학 보내기로 결심했는데 아이가 즐거워하고 행복해하는 모습에 감사가 저절로 나왔다. 어린 나이에 멀리 있고 혼자여서 힘겨울 수 있겠지만 충분한 애착관계를 유지하며 스스로 할 수 있는 길을 터주고 무한 신뢰를 보낸 그 사랑의 힘이 발휘되는 순간이기도 했다.

어떤 부모가 되어야 하나

아이에게 어떤 부모가 되어야 하는지에 대한 정보는 많다. 알고 있는 것을 실천하지 않는 것이 문제일 뿐이다. 아는 것과 행동하지 않는 간극 속에서 많은 부모가 양육서를 뒤적이고 여기저기서 열리는 부모 교육에 참여하며 양육 지식을 점점 높여간다.

그런데 아이들 정서는 좋아지지 않고, 불안해하는 아이들이 늘고 있으며, 아이 키우기 힘들다는 부모들도 점점 많아지고 있다. 내가 양육서를 쓰고 부모 교육 강의에 많은 시간을 보내면서 부모들의 양육을 돕는 이유가 바로 여기에 있다. 그러나 양육 당사자인 부모가 실천하지 않으면 아무 소용이 없다.

부모 교육을 할 때 내가 많이 하는 말 가운데 하나는 이것이다. "엄마는 아이 행복을 책임지는 사람입니다. 아이 행복을 책임지려면 엄마가 먼저 행복해야 합니다. 우리 함께 행복하기로 결정합시다." 이렇게 행복하기로 결정하고 자녀 양육을 시작하면 많은 부분에서 긍정적인 양육으로 향한다. '결정'에는 이미 그렇게 하기로 한 마음이 작용하기 때문이다.

우리 유치원에서 하는 프로그램 가운데 식물을 기르고 관찰하는 정원 교육 프로그램이 있다. 아이들과 함께 식물을 기르면서 일어나는 아름다운 에피소드가 많다.

아이들은 식물을 기르는 정성으로 친구들 마음을 이해하고, 식물의 죽음을 보며 슬퍼하거나 속상해하는 등 다양한 감정을 느끼면서 삶을 이해하기도 한다.

어느 날 승민이가 자신이 키우던 식물이 죽었다고 엉엉 울었다.

"원장선생님, ○○가 죽었어요. 물도 많이 주었는데 죽었어요."
"승민아, 울지 말고 이리 와. 안아줄게."
"…"
"승민아, 이 식물이 왜 죽은 것 같아? 우리 한번 생각해볼까?"
"몰라요. 물도 많이 주었어요."

다른 친구들보다 식물 기르기에 관심과 애착이 많았던 승민이는 몹시 안타까워했다. 이 상황은 우리가 아이를 양육하는 부모 모습과 똑 닮아 있다. 먼저 식물을 잘 기르려면 여러 가지 조건이 필요하겠지만, 가장 중요한 것은 그게 어떤 식물인지 식물을 아는 것부터 시작해야 한다. 물을 좋아하는 식물인지, 물이 그다지 많이 필요하지 않은 식물인지 알아야 하듯이 아이 양육도 마찬가지다.

아이를 잘 양육하려면 아이의 특성을 먼저 알아야 한다. 아이가 무엇을 좋아하고 무엇을 싫어하는지, 외향적인지 내향적인지, 어떤 아이인지 제대로 아는 것에서 양육이 시작된다.

어떤 아이인지도 모른 채 물만 많이 준다고 아이가 잘 자라는 것이 아니기 때문에 부모가 아이를 잘 알아야 한다. 그래야 좋은 부모 역할을 할 수 있으며 아이도 행복하게 성장할 수 있다. 동탄고등학교 이희주 교장선생님께서는 이렇게 말씀하셨다.

자녀 교육이란 모든 부모에게 어렵지만 가치 있는 일이므로 자녀를 안전하게 보호하면서도 스스로 배우고 독립적으로 살아갈 수 있도록 가르쳐야 한다. 자녀가 조금씩 성장할수록 부모님은 자녀들이 스스로 많은 것을 보고 듣고 생각하고 바른 의사결정을 할 수 있도록 도와주는 역할을 해야 한다. 바람직한 부모는 자녀들과 대화하고 자녀에게 다양한 경험을 하게 하는 것이 필요하며 늘 자녀들의 모습을 관찰하고 결정은 자녀들이 할 수 있도록 해야 한다. 또한 부모는 자녀들의 성공을 바라기보다 가치 있는 사람으로 행복한 사람으로 성장할 수 있도록 끊임없이 알려주고 지켜봐주어야 한다. 이렇게 하는 것은 부모님들의 무한한 사랑과 기대로 이룰 수 있다.

이희주 교장선생님 말씀처럼 부모는 아이들이 스스로 배우고 독립적으로 살아갈 수 있도록 도와주어야 한다. 그래야 아이도 주도적으로 최선을 다하는 삶을 살아간다. 이렇게 최선의 삶을 살아갈 때 행복할 수 있다.

물론 자녀를 양육하는 것은 어렵고 힘든 일이다. 그러나 부모가 해내야만 하는 가치 있는 일이라는 것을 알아야 한다. 특히 모든 부모는 아이의 행복 책임자여야 한다. 모든 부모는 아이 손을 절대로 놓지 말아야 한다. 아이가 옆에 있는 것만으로도 감사하고 행복해 해야 한다.

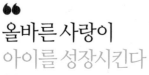

올바른 사랑이
아이를 성장시킨다

'넌 할 수 있어!' 이 한마디는 아이를 살리는 강력한 말이다. 속상하거나 어려운 일이 있을 때 포근히 안아주면서 토닥토닥해주는 엄마가 있는 아이는 세상에서 가장 행복한 아이가 아닐까?

우리 엄마는 수리공

내가 생각하는 올바른 사랑의 전제조건은 존중, 이해, 배려다. 앞에서 이야기했듯이 존재에 대해 아는 것부터 시작해 이해하고 배려하는 것이 사랑의 출발점이다. 엄마가 영유아기에 줄 수 있는 것은 아이 존재에 대해 기쁨을 표현하는 것이다. 언제나 내가 주고 싶은 대로 '내가 옳아'라는 생각으로 아이를 양육한다면 고칠 것 투성이가 된다.

아이를 변화시키는 일은 아이를 변화시키겠다는 의도를 내려놓는 것에서 시작된다. 우리는 흔히 아이가 변하면 될 거라고 생각하지만 끊임없이 실패와 실수 같은 모험을 하면서 조금씩 알아가고 성장해나가는 것이 원래 아이의 특성이다. 충고하거나 가르치려 한다면 아이는 반항하거나 부모 말을 듣는 척하다가 곧 원래 모습으로 돌아오기도 한다.

이때 나타나는 특징 가운데 하나가 가정에서는 부모 말을 잘 들으며 착한 아이인 척하지만 유치원에 오면 억눌린 감정을 다 뿜어내는 등 돌출행동을 하는 것이다. 이는 그래도 아이가 예의를 갖추고자 노력한 것이다. 돌발행동으로 당황스럽기도 하지만 교사들은 금방 알아차릴 수 있다. 게다가 아이가 부모의 강압에 무감각해져버리면 더 큰 문제가 발생한다.

어떤 부모는 책을 읽어주면서도 가르치려 해서 책을 읽지 않는 아이로 만든다. 공부를 가르칠 때도 못 한다고 윽박지르고 쥐어박고 심지어 때리기도 한다. 그러면 아이는 더는 공부를 하려고도 하지 않고 늘 부족함에 시달린다. 아이는 엄마에게도 문을 닫지만 스스로도 마음의 문을 걸어 잠그게 된다. 그러면서 자연스럽게 자기 마음을 알아주는 곳을 찾아가게 된다.

나도 초보 엄마 시절 수리공 엄마이면서 수리공 아내였다. 이것저것 부족하다고 생각하는 것은 다 뜯어 고치려고 했다. 아이도 남편도 말이다. 그러면 남편은 화내는 아내 눈치를 보았다. 하지만 다고쳤다고 생각하면 또다시 다른 쪽이 터져버려 늘 고치는 일을 반복했다. 이때 만나게 된 공부가 바로 교류 분석이다.

교류 분석을 공부하면서 힌트를 얻고 삶의 방식이 된 것이 '이 세상 모든 것은 바뀌지 않는다'는 것이다. 다만 나만 바꾸면 되었다. 그렇게 하고 보니 많은 것이 자연스러워졌으며 아이도 남편도 긍정적으로 바뀌는 경험을 했다. 그러니 엄마가 보기에 부족한 것투성이일지라도 우선 지금 모습 그대로 인정해주고 존중해주자. 아이도 남편도 있는 그대로 인정받고 싶은 욕구가 있을 테니 말이다.

언제까지 아이가 부족하다고 생각하고 수리만 할 것인가? 아이가 진정 원하는 것은 칭찬, 격려, 이해, 감탄 그리고 이야기를 잘 들어주는 공감이다. 그리고 양육을 하든 삶을 살든 제일 쉬운 방법은 당사자인 내가 먼저 변하는 것임을 명심하자.

엄마는 지시자가 아닌 지원군

인간이 살아가면서 힘들 때나 어려운 일을 만날 때 누군가 든든한 지원군이 있다는 것이 큰 힘이 된다. 아이에게 희망을 주는 존재는 부모 중에서도 엄마다. 엄마는 영유아기 아이의 행복 책임자이기도 하니 그만큼 엄마 역할이 중요하다.

아이를 키우다 보면 갑자기 '욱'이 올라오거나 비난하거나 설교하거나 소리 지르거나 위협하기도 하면서 아이를 가르치려고 한다. 하지만 이러한 엄마를 둔 아이는 모든 것을 멈추어버린다. 생각도 몸도 긴장되어 그 어떤 것도 받아들이지 못한다. 사실 '욱'하는 것이 아이 양육에서는 쉬운 방법 가운데 하나다. 엄마가 바쁘거나 시간이 없을 때 더욱 그렇다.

나 또한 초보 엄마였을 때 가장 많이 사용한 방법이 '욱'이다. 그때 아이 모습을 보면 그냥 움직이지 않는 인형처럼 모든 것이 멈추어버린 듯했다. 그러면 어리석게도 더 화를 냈는데 그럴수록 아이는 더 눈치를 보았고 마음을 닫아버렸다.

그때 왜 그랬는지…. 바빠서 그랬다는, 엄마도 처음이다보니 몰라서 그랬다는 변명을 하기에는 너무 궁색하다. 지금 훌쩍 자란 아이들을 보면 죄스럽고 미안하고 안쓰러운 이유다.

교류 분석학자 에릭번은 엄마를 각본을 쓰는 사람, 즉 연출가에 비유했다. 엄마가 0세에서 8세까지 아이의 각본을 어떻게 쓰느냐에 따라 아이 삶이 달라진다고 했다. 좋은 각본을 쓰는 엄마는 늘 아이를 지지하고 응원한다. 이 글을 읽는 엄마들도 아이의 각본을 쓰는 중일 것이다. 혹시 부정적이거나 앞뒤가 맞지 않는 뒤죽박죽 이야기를 쓰고 있다면 다 지우고 새로 시작하자. 이왕이면 즐겁고 재미있고 따뜻한 이야기면 좋겠다.

다음은 세계적인 성악가 앙리코 카루소의 엄마가 쓴 각본이다(아주 오래전 학부모들에게 가정통신문으로 보냈던 글이기도 하다).

이탈리아 북부의 어느 마을에는 밤만 되면 노래 연습을 하는 아이가 있었습니다. 낮에는 방직공장에서 일하고 늦은 밤이 되어서야 집으로 돌아오는 아이는 언제나 노래를 불렀습니다. 아이는 위대한 성악가가 되는 꿈을 가지고 있었기 때문입니다. 어느 날 아이는 어렵게 모은 돈을 가지고 레슨을 받으러 갔습니다. 하지만 선생님은 레슨을 거절했습니다.

"넌 소질이 없어."

아이는 물었습니다.

"왜요 선생님? 전 성악가가 되고 싶어요. 다시 한 번 불러볼게요."

"더 들을 것 없다! 네 목소리는 바람에 뒤틀린 문이 삐걱거리는 소리 같단 말이다."

아이는 울면서 집으로 돌아왔습니다. 다음 날 아이는 공장에도 가지 않고 방에서 꼼짝하지 않았습니다. 어머니는 아들을 꼭 안아주며 얘기했습니다.

"너는 반드시 네가 꿈꾸는 성악가가 될 수 있을 거야."

"그렇지만 선생님께서 내 목소리는…."

"귀를 기울여보렴. 지금 창문을 두드리고 나무를 흔드는 저 바람소리를."

아이는 창밖에서 나는 소리에 귀를 기울였습니다. 처음에는 그냥 바람소리만 들렸습니다. 하지만 차차 아름다운 음악처럼 들렸습니다. 어머니는 아들을 감싸 안으며 작지만 단호하게 속삭였습니다.

"네 목소리는 저 바람과 다를 게 없단다. 넌 할 수 있어!"

어머니의 격려를 받으며 꿈을 잃지 않고 노력한 아이는 결국 세계적인 성악가로 인정받았습니다. 그가 바로 앙리코 카루소입니다.

이 글을 읽으며 다시 한 번 엄마의 위대한 힘을 느낀다. '넌 할 수 있어!' 이는 아이를 살게 하고 세상을 살리는 강력한 한마디다. 속상하거나 어려운 일이 있을 때 포근히 안아주면서 토닥토닥해주는 엄마가 있는 아이는 세상에서 제일 든든한 아이가 아닐까.

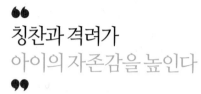

칭찬과 격려가
아이의 자존감을 높인다

자존감과 정체성은 개인의 삶에서 가장 중요한 덕목이다. "오늘도 백점을 맞았
네. 넌 정말 똑똑해!" 대신 "오늘 백점을 맞았구나. 그동안 열심히 노력한 보람이
있겠는데"로 바꿔보자.

사랑에도 기술이 필요하다

　초보 엄마 시절 나는 아이를 칭찬으로 가두는 엄마였다. 큰딸 선
용이가 여덟 살 때였다. 나는 선용이가 책을 잘 읽었으면 하는 바람
으로 여러 사람이 모인 곳에서는 늘 "우리 선용이는 책을 너무 잘
읽어요"라고 자랑했다. 그것도 선용이 보는 앞에서 하는 것이 아니
라 문을 반쯤 열어놓고 선용이가 들을 수 있도록 하는 고도의 전략
을 사용했다.

　그러면 선용이는 화장실에 갈 때도 책을 한 권 들고 들어가서 다

보고 나왔다. 그렇게 하면 엄마가 기뻐하고 또 칭찬을 할 거라는 기대가 있었던 모양이다.

선용이는 이렇게 책을 잘 읽는 아이가 되었지만 책을 어떻게 읽어야 하는지, 어떤 책을 읽어야 하는지 따위는 중요하게 생각하지 않은 것이 문제였다. 사실 선용이는 엄마에게 칭찬을 들으려고 만화책만 가지고 들어가서 매일 같이 읽은 것이다. 그러다보니 글이 조금만 많아도 읽기 힘들어하고 재미없으면 아예 읽지 않았다. 결국 책을 읽지 못하는 아이가 되고 만 것이다.

이밖에 "오늘도 백점을 맞았네. 넌 정말 똑똑해!" "와, 그림을 정말 잘 그렸네!" 하는 말이 아이 행동을 통제하는 여러 상황에 사용되었고, 칭찬 한 방은 아이를 변화시키는 최고의 기술이 되었다. 그러나 내가 사용한 칭찬 기술은 '네가 잘해야 해' '네가 백점을 받아야 해'라는 메시지를 줌으로써 아이가 자신을 들볶게 만들었다. 또 친구들과 경쟁해서도 꼭 이기려고 안간힘을 쓰면서 보상에 익숙해지는 아이가 되게 만들었다.

더군다나 아이는 칭찬을 듣지 못하면 무기력한 모습을 보이면서 자기 행동에 대해 남의 눈치를 보고 자신 없어 하는 등 열등감에 사로잡혔다. 칭찬의 위력에 아이 자존감이 낮아지는 것을 목격한 다음에는 칭찬 방법을 바꾸었다.

"오늘도 백점을 맞았네. 넌 정말 똑똑해!" 대신 "오늘 백점을 맞았구나. 그동안 열심히 노력한 보람이 있겠는데" 하면서 그동안 노력한 결과를 인정해주었다. 즉 격려 방법을 사용했다. 그랬더니 아이 눈빛이 달라지는 미묘한 느낌을 나 스스로 알아챘고 아이와 이야기도 점점 늘어나게 되었다.

선용이는 여러 가지 상황을 엄마에게 설명하려 노력했고 엄마와 관계도 훨씬 돈독해졌다. 그동안은 자신이 잘한 것만 이야기하려고 했는데 엄마가 노력한 점을 인정해준다고 생각했는지 더 활기차고 의욕적으로 되었고 자기 능력이 향상되는 과정에서 성취감을 느끼는 듯했다.

이처럼 칭찬과 격려는 서로 비슷해서 혼동하기 쉬우나 격려는 너는 너로서 가치가 있다는 존재를 인정하는 기술이다. 그렇기 때문에 자신이 칭찬받으려고 끊임없이 애써야 하는 정신적 고통에서 자유로워질 수 있다.

지금부터 아이의 좋은 점을 찾고 칭찬할 기회를 찾아 격려로 아이를 인정해주자. 그리고 자주 표현하자. 너는 이미 가치 있고 사랑받기에 충분하다고 말이다.

지혜로운 부모는 안다. 아이들이 칭찬과 격려에 약하다는 것을. 그리고 격려가 최고의 사랑 기술이라는 것을.

내가 나답게 살 수 있는 힘, 자존감!

자존감이 있다는 것은 어떠한 상황에서도 스스로 가치 있게 여기겠다고 결심했다는 의미로 여겨진다. 꼴지를 해도, 외모가 뛰어나지 않아도, 성공하지 못해도 내가 나를 존중할 수 있다면 자신감 있게 살 수 있다.

자존감은 스스로 자신을 존중하는 힘이다. 그러면 이런 자존감은 어디서 나올까? 바로 나는 '꽤 괜찮은 아이'라는 경험이다. 내가 운영하는 유치원을 방문하는 사람들은 하나같이 말한다.

"여기 유치원 아이들은 뭔지 모르지만 자유롭고 행복해 보여요. 눈이 반짝반짝 빛나는 아이들이 참 많아요."

"유치원 아이들이 다 그렇죠."

"아녜요. 제가 유치원을 여기저기 방문하는데 여기는 다른 것 같아요."

그럴 때 나는 우쭐한 기분이 들기도 하고 뿌듯하기도 하다. 이는 영유아기는 행복하고 기쁜 경험을 많이 해야 한다는 내 철학을 반영한 결과다.

아이들이 아침에 등원하면 모든 교사가 아이 한 명 한 명과 눈을 맞추고 큰 소리로 이름을 불러주면서 온몸으로 환영한다. 하이파이브, 비행기 태우기 등 몸의 언어로 아이들과 접촉하며 맞이한다. 그러고는 운동장에서 공정 달리기를 한다. 이때 아이들은 숨을 헐떡이면서도 힘들지 않다고 한다.

혹시 친구들이 뒤처지기라도 하면 옆에 함께 달리는 친구가 "친구야, 힘내. 할 수 있어"라고 말해준다. 교사들도 함께 보조를 맞추며 계속해보자고 독려한다. 그러면 아이들은 이를 악물고 젖 먹던 힘까지 내는 듯 포기하지 않고 힘차게 달린다. 이것만큼은 꼭 해내고 싶다는 열망이 아이들 마음속에 작용한 것이다.

달리기에서 성취감을 맛본 아이들은 여러 가지 과제가 주어졌을 때 포기하지 않고 끝까지 해내는 힘을 기르게 된다. 이렇게 온몸으로 달리는 달리기를 하며 에너지를 발산한 아이들은 교실에서 하는 수업에도 즐겁게 잘 집중한다. 처음 달리기를 시작할 때는 친구를 밀치고라도 일등을 하려고 했던 아이들이 달리기를 계속하면서 변한 것이다.

교실에서도 아이들은 활기차다. 교사들은 늘 친절하고 다정한 모습으로 아이들 이야기를 들어주고 맞장구쳐준다. 그리고 아이들 마음이 어떤지 살핀다. 기뻐하면 함께 기뻐해주고 속상해하면 달래주면서 아이와 함께하는 교사들은 아이들의 수호천사다.

"와, 어떻게 그런 생각을 했어? 선생님도 생각하지 못했는데."

선생님의 이 말 한마디가 아이들의 생각과 뇌를 춤추게 한다. 그러니 훗날 자기 일을 잘하는 아이가 될 수밖에 없지 않겠는가?

아이들에게는 달리기 외에 다양한 경험이 필요하다. 때로는 비참함도 겪어보고 절망감도 느껴보는 경험은 '힘들지만 이것만큼은 꼭 해내고 말거야' 하면서 절절하게 바라는 것이 생기게 해준다.

그런데 아이들에게 힘들거나 어려운 것은 절대로 경험하지 못하도록 막는 부모도 있다. 친구와 부대낌조차 아이가 상처받을까봐 막는 일이 있는데, 가만히 그 속을 들여다보면 아직 부모와 아이가 심리적으로 떨어지지 못한 경우다.

그러나 부모 품에 있을 때 한 힘든 경험은 나중에 인생을 살아갈 때 고난이나 상처에 지지 않고 내 삶을 끌고 가는 힘의 동력을 만들어준다는 사실을 알아야 한다.

우리 아이들은 '나는 꽤 괜찮은 아이라는 경험'을 얼마나 할까? "넌 왜 이 모양이야?" "그것밖에 못해?" "이런 멍청이같이." 어른들이 별 생각 없이 하는 비난이나 부정적인 비판 속에서 아이들은 좌절하지 않을까? 그렇다면 빨리 멈추어야 한다.

영유아기를 행복한 경험으로 가득 채워주려는 부모의 노력이 아이에게 최고의 삶을 살 기회를 제공한다. 경험에 관한 책인 마리오

라모스의 『양이 되고 싶었던 늑대』에는 '나는 꽤 괜찮은 늑대'라는 자존감을 만든 것은 결국 경험이었음을 알게 해주는 구절이 있다.

그래, 난 늑대야. 하지만 그냥 아무 늑대는 아니지. 나는 구름을 만져본 늑대라고.

자존감과 정체성은 개인의 삶에서 가장 중요한 덕목이며 내가 '나'로서 나답게 살아가는 것은 개인의 내적 의지에서 발현된다고 볼 수 있다. 이는 영유아기 때 꽤 괜찮은 경험, 즉 구름을 만져본 경험에서 자신이 '꽤 괜찮은 아이'였다는 자존감을 갖는 것으로 가능한 일이다.

사랑의 출발은
애착이다

엄마, 아빠 품에 안겨 있다는 안전감이 아이를 행복하게 하고 마음 놓고 웃을 수 있게 한다. 그리고 "내게 무슨 일이 생기면 엄마, 아빠가 도와줄 거야. 그러니까 괜찮아" 하면서 아이는 안도하고 힘을 내게 된다. 이것이 바로 부모가 애착하고 사랑해야 하는 이유다.

잘 사랑하고 있는가

사랑이라는 이름으로 아이를 양육하는 부모의 생각과 행동이 아이 삶의 모든 것에 영향을 미친다. 사랑은 모든 것을 주관하는 것의 합이자 총체이기 때문이다. 그 사랑을 받은 아이는 세상을 품으며 세상의 중심으로 살아갈 수 있다.

혹시 잘 키우고 싶은 욕심에 잘못 사랑하면서 잘 사랑하고 있다고 착각하지는 않는지 늘 살피고 들여다보아야 한다. 부모에게는 자기 아이를 자랑하고 싶은 심리가 작동하기도 하고 대리만족하고 싶은 욕구가 꿈틀거리기도 하기 때문이다. 그래서 부모는 아이에게 욕심을 내기도 하고 자기도 모르게 사랑이라는 이름으로 아이를 속박하고 간섭하기 쉽다.

미국의 심리학자 로버트 스텐버그는 사랑의 형태를 친밀감, 열정, 헌신이라고 했다. 부모는 늘 아이가 어떤 사람인지, 아이가 하고 싶어하는 것은 무엇인지 고민하며 아이를 대하고 사랑해야 한다. 그러기 위해서는 아이 마음이 어떻게 작동하는지 아는 것에서부터 출발하는 것이 필요하다.

내 아이가 어떤 사람인지 알지도 못하면서 마구 사랑을 퍼부어주는 것은 물을 좋아하는 식물인지 싫어하는 식물인지 알지 못하면서 마구 물을 주는 것과 같다. 이는 식물을 잘 사랑하지 못하는 것이다.

부모는 아이가 어떤 사람인지 알고 나서 수용하고 공감해야 한다. 또 내 아이를 판단하려 하지 말고 아이 기분을 알아차리고 표현해주는 것이 좋다. 아이에게 따뜻한 마음을 나눠주고 스킨십을 자주 하면서 '엄마는 너를 사랑해'라고 느끼게 해주는 것이 아이가 원하는 사랑일 것이다.

오늘부터 이렇게 해보자. 아이가 유치원에서 돌아오면 눈을 마주보며 반갑게 맞이해주고 애썼다고 토닥토닥해주자. 아이의 좋은 행동을 찾아서 격려하고 인정해주면서 안전기지가 되자. 그리고 아이와 함께하는 시간을 내려고 노력하고 함께 즐거워할 수 있는 활동을 마련하자.

또 함께 운동을 하거나 설거지 같은 일상적인 일을 함께하면서 아이에게서 행복한 가족의 일원이라는 가족 일체감이 발달하도록 든든한 지원군이 되어보자. 이것이 바로 사랑이 가진 힘이다.

애착은 아이에게 첫사랑과 같다

부모라면 누구나 아이를 키우면서 나는 좋은 부모인가, 나는 양육을 제대로 하고 있는가 고민하게 된다. 아이를 잘 키우고 싶다는 소망이 있기 때문이다. 그런데 어떻게 해야 할지 몰라서 이것저것 다 시켜보기도 하고 자책도 하면서 불안한 마음을 떨치지 못하는 것이 현실이다. 부모로 산다는 것이 참 힘들고 어려운 일이 되어버린 것이다. 하지만 이런 불편한 감정을 오래 마음에 품을 필요는 없다. 모든 부모는 아이에게 줄 선물을 이미 가지고 있으니 말이다. 그것이 바로 애착이다.

애착은 아이에게는 잊을 수 없는 첫사랑과 같다. 아이라면 누구나 애착한다. 그런데 중요한 것은 어떤 아이는 안정적이지만 어떤 아이는 불안해서 때로는 혼란스러운 모습을 보이기도 한다는 것이다. 아이는 엄마가 어떻게 애착하느냐에 따라 유형이 달라진다고 볼 수 있다.

예를 들어 아이가 엉엉 운다고 해보자. 운다는 것은 자기를 봐달라는 신호다. 이때 엄마는 신호를 잘 인식하고 제대로 해석해서 적절히 반응해주어야 한다.

어떤 아이는 "엄마 갈게" 하는 익숙한 소리가 들리면 울음을 그친다. "어디 불편한가 보네. 어디 보자. 이런, 기저귀가 젖었구나" 하면서 기저귀를 갈아주고 토닥여주면 아이는 '나는 이런 대접을 받을 만한 사람인가 보구나' 하면서 긍정적인 마음을 갖게 된다. 이렇게 아이가 보내는 신호에 엄마가 민감하게 반응하면 아이는 안정적인 유형으로 발달한다.

아이가 졸려서 우는지 배가 고파서 우는지 엄마가 잘 모르는 경우 또는 아무리 울어도 엄마가 응답하지 않는 경우 아이는 불안정한 유형으로 발달하게 되고 스스로 힘든 아이가 된다. 이렇게 형성된 부모와의 애착관계는 평생 아이에게 영향을 미친다. 그러므로 영유아기 아이들에게는 민감하고 일관성 있는 따뜻한 보살핌이 무엇보다 중요하다.

'와, 나도 사랑받는구나. 난 참 괜찮은 사람이야' '저 사람도 좋은 사람이겠지' '세상은 참 좋은 곳이야' 하면서 아이는 부모를 통해 세상을 바라보게 된다. 이것은 아이의 세계관이 되기도 하고 신념이 되기도 할 만큼 중요하다.

아주 드물지만 아이가 다가오는데 "지금 바쁘니까 저리 가" "너 이렇게 하면 엄마 사라져버린다" 하면서 아이에게 엄포를 놓거나 어쩌다 한번 기분 좋을 때 아이를 안아주거나 하는 부모도 있다. 이런 부모의 자녀는 자신도 모르게 부모를 무시하기도 하고 회피하기도 하면서 평생 수동적인 태도로 살게 된다. 부모와 함께한 기억이 없어서 무엇을 어떻게 해야 할지 잘 모르는 경우에는 혼란 애착으로 불안한 아이가 된다.

애착은 생후 1개월에서 1년 동안 자신을 돌보는 양육자와 형성하는 감정적이고 상호적인 유대관계다. 앞서 이야기했듯이 아이는 자신이 울 때 민감하게 돌보아주는 부모의 손길을 경험하면서 '나는 괜찮은 사람이야' '나는 소중해'라는 자신에 대한 긍정적 가치를 갖게 된다. 이런 긍정적 가치가 바로 아이 정서 발달의 기초가 되어 아이에게 긍정적 자아개념이 형성되게 해준다. 그리고 따뜻하게 보살펴주는 부모를 긍정적으로 인식하게 되면서 사회성 발달로 이어지게 된다.

그뿐만 아니라 낯선 사람이나 상황에 대해서도 자신감을 가지면서 적극적으로 탐색하게 되는데, 이 모든 것이 발달의 기초가 되어 전인 발달을 가능하게 한다. 그러므로 영유아기 부모와의 애착관계는 인생 전체의 틀이 되며, 이 틀은 다음 세대로 전이된다.

물론 아이를 돌보는 일은 쉽지 않다. 머리로는 알고 있지만 현실적으로는 아이에게 잘 표현하지 못하고 어긋날 때는 속이 상하기도 한다. 그러고 보면 부모 노릇을 제대로 한다는 것은 여간 어려운 일이 아니다. 가끔은 도망치고 싶은 생각이 들기도 한다. 그러나 아이가 부모에게 달라붙는 것은 부모더러 힘들어하라는 것이 아니라 아이도 살려고 노력하는 것이다.

애착은 부모만이 잘하려고 하는 것도 아니고 아이가 주도하는 것도 아니다. 부모와 아이가 함께 만들어가는 사랑의 과정이다.

엄마, 아빠 품에 안겨 있다는 안전감이 아이를 행복하게 하고 맘 놓고 웃을 수 있게 한다. 그리고 "내게 무슨 일이 생기면 엄마·아빠가 도와줄 거야. 그러니까 괜찮아" 하면서 아이는 안도하고 힘을 내게 된다. 이것이 바로 부모가 애착하고 사랑해야 하는 이유다.

행복한 아이가
똑똑한 아이다

부모가 행복해야 아이가 행복하고, 아이가 행복해야 마음껏 세상을 탐색할 수 있다. 그것이 바로 내 아이가 똑똑해지는 비결이다.

행복한 아이 vs. 행복한 엄마

아이들에게 언제 가장 행복하냐고 물은 적이 있다.

"세상에서 제일 사랑한다고 말해주는 엄마·아빠가 있어서 행복해요."

"내가 친구랑 놀다가 화나고 속상했던 이야기를 할 때 나와 눈을 맞추고 들어주는 엄마가 있어서 행복해요."

"친구랑 다투었을 때 등을 토닥이며 위로해주고 먼저 사과하는 것이 멋지게 이기는 거라고 가르쳐주는 아빠가 있어서 행복해요."

"그림책을 읽어주는 엄마가 있어서 행복해요."

"무엇이든 열심히 하면 잘해낼 수 있다고 용기를 주는 아빠가 있어서 행복해요."

"세상에서 나를 제일 잘 이해해주고 내 편이 되어주는 엄마가 있어서 행복해요."

"잘못했을 때는 따끔하게 꾸짖지만 잘했을 때는 아낌없이 칭찬해주는 엄마·아빠가 있어서 행복해요."

엄마들에게도 언제 가장 행복하냐고 물었다. 엄마들은 지금 행복하다고 하면서도 나와 눈을 맞추지 못했다. 왜 그럴까? 아마도 아이를 잘 키워야 한다는 욕심이 크기 때문일 것이다. 그러다보니 내 아이보다 옆집 아이가 더 잘하거나 내 아이가 부족해 보일 때는 아이를 다그치게 된다.

엄마는 내 행복이 먼저가 아니다. 그저 어떻게든 아이를 잘 가르치고 잘 키워야 한다는 데 마음이 가 있다. 그러니 아이가 잘하면 부모는 마냥 행복하다. 이렇듯 아이와 엄마가 생각하는 행복은 다르다.

아이들은 부모가 옆에 있는 것만으로도 행복감을 느끼지만 부모는 행복감을 느끼는 데 서툴다. 하지만 부모가 먼저 행복해야 할 이유가 있다. 부모가 행복하지 않은데 아이가 행복할 수는 없다. 엄마가 불안해하면 아이도 불안해지고 아빠가 의기소침하면 아이는 그만큼 예민해진다. 반대로 엄마가 밝고 웃음이 많으며 여유가 있으면 아이 역시 웃음이 넘치고 여유로우며 편안하다.

유치원 학부모 가운데 승지 엄마는 늘 예민해져서 불안해한다. 승지 엄마는 대개 하루에 대여섯 번씩 유치원에 전화한다. 자신의 불안을 아이에게 투사해 "승지가 불편해하면 안 돼요. 승지가 기분 나빠하면 안 돼요" 하면서 모든 선생님을 긴장하게 한다.

승지의 유치원 생활은 힘들고 어렵다. 아이들끼리 스치기만 해도 친구가 때렸다고 화를 내고 엉엉 운다. 선생님 이야기에 귀를 기울이지 못하고 선생님이나 친구들과 눈을 맞추지 못한다. 늘 긴장하고 예민한 데다가 고집도 자주 피운다.

승지의 유치원 생활 모습을 알려주고 상담하기 위해 전화하면 승지 엄마는 모든 일을 다른 아이들 탓으로 돌리고 선생님이 잘 돌봐주지 못해서 그렇다고 이야기하면서 일어나지도 않은 일을 지레짐작하고 의심한다.

"우리 승지는 나쁜 감정을 느끼면 안 돼요. 무서운 것을 싫어해요. 불빛에도 예민하게 반응해요. 우리 아이 잘 돌보아주는 거 맞아요?" 승지 엄마는 선생님 이야기는 듣지도 않고 숨이 막힐 정도로 많은 일을 의심하며 마치 의심을 사실인 것처럼 확인하려 든다.

승지 엄마는 다른 사람을 믿지 못할 뿐만 아니라 자기 자신도 믿지 못해 스스로를 의심병 환자로 몰아간다. 엄마의 이런 모습은 선생님뿐 아니라 아이도 불안하게 한다. 그러니 승지는 마음 놓고 활동하지 못하며 아주 예민해서 친구들과 관계에서도 늘 불만이 많다. 재미있는 활동을 해도 재미있어 하지 않고 혼자만의 세계에 갇혀 마음을 열지 않는다.

엄마가 아이에게 어떻게 대하느냐에 따라 아이 삶은 예상하지 못할 정도로 달라진다. 엄마가 편안하고 행복해야 할 이유가 여기에 있다.

부모가 행복하면 아이는 저절로 똑똑해진다

부모가 행복할 때 많은 것을 가능하게 한다. 행복한 부모가 아이를 대하는 태도는 따뜻하고 밝으며 여유롭다. 아이가 조금 서툴러도 재촉하지 않고 기다린다. 그러면 아이는 새로운 환경에 접했을 때도 금세 적응하며 미소 짓고 안정을 찾는다. 자기 이야기를 충분히 할 줄 알며 다른 사람들 이야기도 잘 들어주어 대인관계에서도 환영받는다.

하연이는 유치원에 처음 왔을 때부터 미소가 많고 친절했다. 다섯 살인데도 눈에 띄게 따뜻함을 풍겼다. 하연이를 보면 그냥 안아주고 싶을 정도로 밝고 건강하다. "다섯 살 아이들은 다 예쁘지 않아요?"라고 할 수 있으나 말로 표현할 수 없는 행복감이 하연이에게서 느껴진다. 하연이 엄마를 보면 "어머님, 하연이가 너무 예뻐서 그러는데 아이를 어떻게 양육하시는지 알고 싶어요" 하고 물어볼 정도다.

하연이가 유치원에서 어떻게 생활하는지 1년간 지켜보았는데 하연이는 일상을 즐겁게 생각하고 맘껏 기뻐한다. 눈빛도 반짝반짝 빛나고 호기심이 많아 탐구에 집중력을 발휘한다. 최선을 다하며 하루하루 즐겁게 살아가는 모습이 느껴진다. 사람을 만나면 늘 미소 짓고 다정다감하게 대한다. 그러니 하연이의 가정생활이 궁금해질 수밖에 없다.

하연이 엄마는 늘 미소 짓고 온화하며 매사에 넘치지도 부족하지도 않다. 그리고 겸손하다. 부모 교육에는 하연이 동생을 업고라도 꼭 참석하는 성실한 모습을 보이며, 다른 엄마들에게도 친절하게 대해서 금세 그들과 친구가 된다. 하연이 엄마가 하는 말을 주의 깊게 들어보면 말에서 향기가 난다. 주위를 행복감으로 물들게 하는 마법을 부리는 것 같다.

사람은 누구나 행복하기를 원한다. 그러면서도 행복하지 않아 힘든 삶을 살아가고 있다면 행복하지 못한 여러 가지 이유에 집착하지 말고 행복해야 하는 이유에 집중할 필요가 있다. 행복은 결코 그냥 만들어지거나 누가 쥐어주는 것이 아니다. 자기가 행복하기로 결정하고 스스로 만들어가야 한다는 것을 명심하자.

부모가 행복해야 아이가 행복하고 행복한 아이가 마음껏 세상을 탐색할 수 있다. 그것이 바로 아이가 똑똑해지는 비결이다.

자, 지금부터 행복을 선택하기로 결정하자. 행복한 아이가 행복한 어른이 되고 행복한 세상으로 연결할 수 있다.

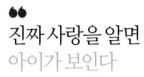

진짜 사랑을 알면
아이가 보인다

현명한 엄마는 내 아이가 어떤 사람인지 아는 것부터 시작한다. 그 방법은 아이를 정말 사랑하면 보인다.

무늬만 엄마, 아빠인가

　유치원에 오는 아이 중 다섯 살 민희, 일곱 살 민영이 자매가 있다. 민희는 개구쟁이지만 민영이는 의젓하고 착하다. 부모님도 아이를 정말 사랑하는 모습이 보인다. 두 분 다 일을 하기 때문에 아이들을 아침 일찍 유치원에 데려오고 저녁 늦게 데리러 오기도 한다. 그럴 때마다 나를 보며 아이에 대한 감사를 표현한다.

　지나칠 정도로 감사 인사를 받는 나는 어색하기도 하지만 그 부모는 아이와 함께 보내지 못하는 미안함을 표현하는 것이라고 생각했다. 그래서 늘 짠했고 열심히 사는 모습에 감동했다.

그러던 어느 날 아빠가 아이들을 데리러 왔을 때 아이들이 이상하게 행동했다. 아이들은 집에 가지 않겠다고 나에게 매달리며 울었다. 억지로 아이들을 데리고 가는 아빠 모습이 자꾸 신경 쓰였다. 다음 날 나는 민영이에게 물었다.

"민영아, 오늘도 아빠가 데리러 오실 거예요?" 그랬더니 민영이가 눈을 알사탕처럼 크게 뜨면서 나를 응시했다. "응, 괜찮아." 뭔지 모를 측은한 마음이 들어 꼭 안아주면서 토닥여주었다.

알고 보니 유치원 방과 후 수업까지 끝나고 집에 가면 오후 7시가 넘는데 아빠는 아이들을 집에 데려다놓고 또 일을 나간다고 했다. 엄마 역시 퇴근 시간이 8시를 훌쩍 넘기는 날이 많았다. 그러다 보니 그 시간은 아이들을 방문수업 교사에게 맡겼던 것이다. 그동안 아이들이 방문수업을 하기 싫어서 집에 가기 싫어한다고 생각했는데 이유는 다른 데 있었다.

민영이 스케줄표를 보니 아침에 다른 아이들보다 먼저 유치원에 도착하면 8시 15분이 된다. 방과 후 수업이 끝나고 종일반까지 있다가 6시 30분 정도에 집으로 간다. 그리고 집에서 요일마다 다른 과목의 방문수업을 받는다. 방문교사가 늦게 오거나 아예 오지 않는 날은 아무도 없는 집에 두 아이만 있게 된다.

아이들의 하루 일과가 숨 쉴 틈 없이 빡빡한 것도 문제지만 아이

둘이 컴컴해진 저녁시간에 이불을 뒤집어쓰고 부모님이 오기만을 기다린다니 얼마나 무섭고 불안했을까? 이렇게 많은 날을 견뎌낸 민영이를 생각하니 먹먹해지고 눈물도 났지만 화가 더 치밀어 올랐다.

엄마는 일찍 귀가하지 못해 보살펴주지 못하기 때문에 다른 아이들보다 뒤처질 것 같아 유치원에서 집에 오면 방문수업을 받게 했다고 한다. 부모의 부재와 공부 두 가지를 방문교사로 해결한 셈이다. 아마 이것이 아이들을 위한 최선의 방법이라고 생각한 모양이다. 민영이 부모의 어쩔 수 없는 사정이라 해도 이건 아이들에게 너무 가혹한 일이었다.

"민영이 어머님, 어머님 역할은 무엇이라고 생각하시나요? 아이 양육은 온통 다른 사람에게 맡기고 어머님은 대체 뭘 하시는 건가요?" 나는 화가 나서 막 밀어붙였다. 고개를 숙이고 눈물을 보이는 민영이 엄마를 보니 속상했다. 그럴 수밖에 없었던 그 마음을 헤아리지 못하는 나는 상담가로는 부적격자인 셈이다.

이렇게 민영이 부모처럼 최선을 다해 살고 있으니 아이들이 이해할 것이라는 생각은 착각이다. 영유아기에는 부모와 함께 따뜻한 시간을 보내고 서로 부대끼면서 정을 나누어야 한다. 그렇게 해야 아이들이 부모에게서 진정한 사랑을 느끼고, 가정은 따뜻한 마음의 안식처로 언제나 돌아가고 싶은 곳이라고 생각하게 된다.

　부모의 욕심이 들어간 잘못된 사랑은 여러 가지 자녀교육 문제로 이어진다. 부모는 늘 다른 사람의 시선을 의식하고 내 아이가 다른 아이들보다 얼마나 잘하는지 비교하게 된다. 부모는 자녀를 사랑해서 이런 행동을 한다지만 자녀에게는 상처만 줄 뿐이다.

　민영이의 경우도 마찬가지다. 부모가 바빠서 아이들을 돌보아주지 못하는 것도 속상한 일이지만 내 아이가 다른 아이들과 비교했을 때 부족하다고 생각했기 때문에 아이들에게 여러 과목을 가르치려고 했을 것이다.

　나도 마찬가지였다. 딸과 통화하면서 아이가 "엄마, 나 수학 90점이야" 하면 나도 모르게 "네 친구는 몇 점이야?"라고 물었다. 그러면 아이는 엄마가 왜 친구 성적을 묻느냐고 따지면서 신경질을 팍 냈다. 그러면 "알았어, 알았어. 이젠 안 그럴게"라고 말했지만 같은 상황에 놓이면 또 그렇게 물을 것이다. 이런 내 모습이 우습기도 하지만 나도 어쩔 수 없는 엄마다.

　이 세상에 아이를 사랑하지 않는 부모는 없다. 다만 욕심이 클 뿐이다. 조금만 더 잘했으면 하는 마음에 조금만 더, 조금만 더 하면서 아이를 치켜세운다. 그러면 힘이 없는 아이는 부모에게 기쁨을 주기 위해 최선을 다해 노력한다.

내가 운영하는 유치원에도 너무 똑똑한 일곱 살 가영이가 있다. 가영이는 무엇이든 잘해서 칭찬을 많이 받는다. 그러면 가영이는 칭찬받기 위해 더 노력하고 욕심을 낸다. 가영이 엄마 역시 가영이가 모든 부분에서 잘하니까 무슨 학원에 보낼까 여기저기 기웃기웃한다.

가영이는 엄마가 하는 대로 여러 학원에 등록되고 그곳에서 또 무엇이든 잘하는 아이라고 칭찬을 듣는다. 그때 엄마 마음은 흐뭇할 테고 자랑스럽기까지 할 것이다. 아이도 엄마가 좋아하고 칭찬까지 들으니 기뻐할 것이다. 그러나 잠시 생각해보자. 과연 아이는 행복할까? 아이는 생각이라는 것을 할까? 내 생각 없이 가르치는 대로 주입되고 있지는 않을까?

유치원이 끝나고 귀가 시간에 가영이를 만났다. 해바라기 꽃모종을 들고 집으로 가는 가영이에게 "가영아 안녕?" 했더니 "네, 원장선생님. 안녕히 계세요" 하고 똑 부러지게 인사했다. "가영아, 해바라기가 이렇게 휘었네. 어떤 느낌이 들어?" 하고 물었더니 가영이는 "음, 음" 하며 한참 말을 더듬었다. 그리고 "제가 집에 가서 엄마에게 물어보고 말씀드릴게요" 하면서 멋쩍은 듯 인사하고 돌아갔다. 가영이는 자신이 해야 할 대답이 정답이어야 한다는 생각을 강하게 한 모양이다.

똑똑한 가영이가 자기 느낌도 생각도 엄마에게 물어보고 말해야 하는 현실이 나를 슬프게 했다. 영유아기 아이들은 칭찬을 받으면 더 열심히 한다. 그리고 부모님을 기쁘게 해드리는 것을 아주 멋진 일이라고 생각한다. 그렇다 해도 현명한 부모라면 아이들을 칭찬으로 몰아가지 않아야 한다.

현명한 부모는 내 아이가 어떤 사람인지 아는 것에서 출발한다. 그 방법은 아이를 정말 사랑하면 보인다.

신뢰가 곧
사랑의 힘이다

맘껏 사랑해주고 몸과 마음을 와락 껴안아주자. 그것이 부모가 잊으면 안 되고 놓쳐서는 안 되는 양육 과업이다.

신뢰와 믿음을 보여줄 때 아이는 행복해진다

신문 유아상담 코너에 어느 엄마가 종잡을 수 없고 통제가 안 되는 아이를 어떻게 하면 좋은지 상담했다. 그런데 어느 상담사가 "무시하세요. 그냥 아이를 믿으면 됩니다. 그리고 잘한 일을 찾아서 칭찬해주세요"라고 조언했다. 아이는 펄펄 뛰어다니는데 도대체 무엇을 믿으라는 말인가?

믿는다는 말을 한번쯤 곰곰이 생각해보아야 한다. 이 말에 따르면 그런 아이는 어쩔 수 없으니 그냥 무시하고 믿는 수밖에 없다는 뉘앙스가 아닌가. 나라면 이럴 때 어떻게 상담하고 조언해줄까? 부모 교육 강사로서 여러 생각이 들게 했다.

유치원에 오는 아이 중 유치원 문만 들어서면 펄펄 뛰고 우는 일곱 살 다정이가 있다. 다정이는 여섯 살 때 유치원 과정 중간에 들어왔다. 그래서 그런지 유치원에 잘 적응하지 못했으며 결석이 잦았으나 그런대로 다녔다. 그런데 일곱 살이 되자 부적응이 더 심해졌다. 엄마는 난감해하는 듯했으나 다정이를 떼어놓지는 못했다.

사실 엄마가 다정이와 떨어지는 것을 더 힘들어했다는 표현이 맞는다. 일곱 살이 되었으니 유치원을 보내야겠다는 마음과 내 품에서 내놓는 상실감과 불안감이 아이를 더욱더 힘들게 했다. 이미 아이는 엄마를 자기 마음대로 조정하고 있었고 힘껏 저항하며 무기력한 행동까지 보였다.

"나 엄마랑 같이 있을 거야."

"안 돼."

"싫어, 엄마가 약속을 어겼잖아."

"다정아, 이제 약속 꼭 지킬게."

"유치원에서는 내 마음대로 할 수 없어. 엄마랑 있을 거야."

"그럼 있다가 점심 먹을 때 데리러 올게."

"싫어, 싫어."

다정이는 펄펄 뛰었다. 원감선생님이 다정이를 데리고 이야기하려고 하자 다정이는 "원감선생님은 됐고요."라면서 비키라고 했다. 원감선생님의 논리적인 말에 다정이는 원감선생님과 이야기하면 자신이 맞설 수 없다고 생각한 모양이다. 다른 선생님과는 타협하지 않고 스스로 교실 안으로 들어간 다정이는 있는 힘을 다해 자기 위치를 찾고 수업에 참여했다.

집으로 돌아간 엄마는 다정이가 유치원에서 잘하는지 불안하다고 확인 전화를 했다. 그것도 20분에 한 번씩 말이다. 이쯤이면 다정이에게 문제가 있는 것이 아니고 엄마에게 문제가 있다는 것을 짐작할 수 있을 것이다. 엄마 스스로 자신을 믿지 못하고 전전긍긍하는 모습은 그대로 아이를 불안하게 만들고 세상에 대한 불안감으로 작용한다.

믿음의 정의는 "어떠한 가치관, 종교, 사람, 사실 등에 대해 다른 사람의 동의와 관계없이 확고한 진리로서 받아들이는 개인적인 심리 상태"다. 다른 사람의 동의와 관계없이 확고한 진리로 아이를 받아들인다는 것은 보이지 않는 것에 대한 확신이 있어야 가능하다.

그러면 부모 스스로 자기 자신에 대한 확고한 믿음이 있는지가 중요하다. 자기 자신에 대한 믿음에 확신이 없을 때 아이는 자기 마음대로 하고자 하는 경향이 강하고 떼까지 쓰기 때문에 감당할 수 없는 지경에 이른다.

이 경우 부모가 자기 자신을 믿기 위해 스스로 내면을 들여다보고 살피는 것이 먼저다. 그래야 부모의 시야가 확장되고 자기 삶의 흐름을 볼 수 있게 되어 아이 발달을 넉넉히 바라볼 수 있다.

부모 스스로 자신에 대한 믿음을 확신하게 되면 아이는 날마다 새롭게 무엇을 알아가는 것을 즐기고 성장하려 노력한다. 또한 자신에 대한 믿음이 있다는 것을 알게 되므로 부모는 아이에게 신뢰와 믿음을 보여줄 수 있으며 아이는 그런 부모를 통해서 배우고 성장한다. 이렇듯 아이에게 확실한 믿음을 주는 것이 사랑이 가진 힘이다.

믿음은 희망과 연결되어 있다

믿음은 부모와 관계뿐만 아니라 삶의 여러 영역을 이어주는 접착제와 같다. 아이를 믿는다는 것은 아이 감정과 생각을 인정하고 수용하는 것을 넘어 존재 자체를 믿는다는 것이다. 내 존재를 확인받고 인정받았다는 확신이 있을 때 '나는 사랑받고 있구나'라고 느낀다. 이런 강한 믿음은 자신감으로 연결되어 자신 있게 세상을 탐험하게 하며 그 과정에서 힘든 문제를 만나더라도 주춤거리지 않고 문제를 해결하기 위한 최선의 전략을 세우기도 한다.

유치원에 오는 아이들은 대부분 자주 "선생님 나 사랑해요?"라고 묻는다. 아이들은 내가 그들을 사랑하는지 확인한다. 그때 나는 귓속말로 아무에게도 들리지 않게 "너만 사랑한다"고 말해준다. 그러면 아이들은 만족한 듯 미소를 지으며 안도한다.

가정에서도 엄마가 자신을 사랑하는지 확인받고 싶어서 "엄마는 날 사랑해?"라고 묻는다. 그러면 엄마는 다른 형제가 있더라도 "엄마는 너만 사랑해"라고 해주어야 아이가 편안해진다. 아이는 마음이 편하지 않고 애착이 부족하다는 것을 느끼게 되면 엄마에게 지나치게 집착하거나 거친 행동으로 동생과 형을 제압해 엄마의 관심을 끌려고 한다.

이러한 방법으로도 되지 않으면 억압과 불안이 총동원되어 틱이나 불안증 같은 증세를 보인다. 다음은 세영이가 엄마에게 사랑을 확인하는 방법이다.

"세영이가 버스에서 내려 집에 가는 길에 엄마는 언제 자기를 사랑하느냐고 묻더라고요. 그래서 매일매일 언제나 사랑한다고 했더니 세영이가 '내가 짜증낼 때도? 엄마 말 안 들을 때도? 밥 안 먹을 때도?'라고 묻기에 '당연하지. 엄마는 세영이가 말을 안 들을 때도 밥을 잘 안 먹을 때도 언제나 사랑하지'라고 말해주었더니 세영이가 싫지 않은 미소를 지었어요. 세영이가 자신이 싫어하는 채소를 먹을 때 사랑한다고 말해주면 채소를 더 잘 먹을지 어떨지 한번 해 봐야겠어요."

이렇게 아이들은 누군가의 사랑과 인정을 받으려고 안간힘을 쓴다. 나쁜 행동을 할 때도 짜증낼 때도 사랑하느냐고 묻는 세영이는 엄마가 자기를 언제나 사랑한다는 확신을 얻으려고 하는 것이다. 그것은 바로 존재 자체를 인정받으려는 인간의 본능이다.

이렇게 인정 욕구가 채워지지 않으면 다른 것으로 그것을 채우려고 한다. 특히 엄마에게 과잉보호를 받았거나 방임되었다면 아이는 마음이 아픈 아이가 되어 여러 관계에서 서툴 뿐만 아니라 마음 한 구석에 걸림돌이 생기게 된다.

아이는 영유아기에 부모나 의미 있는 타인에게 사랑을 듬뿍 받고 자라야 마음 놓고 세상으로 나아갈 용기를 낸다. 그것이 희망으로 연결되어 자신감과 열정이 생기고 목적이 생긴다. 그러면 어려운 문제가 닥치더라도 해결해나갈 수 있으며 성취하는 기쁨을 맛볼 수 있는 실마리가 되어 삶을 풍요롭게 한다. 그러니 맘껏 사랑해주고 몸과 마음을 와락 껴안아주자. 그것이 잊어서도 안 되고 놓쳐서도 안 되는 부모의 양육 과업임을 명심하자.

사랑으로
양육 패러다임을 바꿔라

사랑의 실행력을 갖춘 부모가 되려고 노력하자. 실행하지 않으면 공허한 사랑이 된다. 실행은 부모로서 아이 양육에 대한 자신감을 키우는 가장 좋은 방법이고 아이를 사랑하는 유일한 수단이다.

패러다임의 전환이 필요하다

패러다임은 "어떤 한 시대 사람들의 견해나 사고를 근본적으로 규정하고 있는 테두리로서의 인식 체계 또는 사물에 대한 이론적인 틀이나 체계"를 의미하는 개념이다. 미국의 철학자이자 과학자인 토머스 쿤이 제안한 이 패러다임은 여러 영역에서 다양하게 쓰이고 있다. 그만큼 변화하는 사회에 적응하려면 사고의 전환이 꼭 필요하다는 얘기다.

그러나 패러다임의 전환은 단번에 일어나지 않는다. 어떤 패러다임이 다른 패러다임으로 전환하려면 변화하고자 하는 혁신의 각오가 없이는 가능하지 않다.

양육도 마찬가지다. 시대가 변해 인공지능을 이야기하는 요즈음 변화 속도는 어느 누구도 예측하기 어려울 정도로 무척 빠르다. 누군가는 변화를 따라가기 위해 몸부림치고 누군가는 그래도 나는 변화하지 않을 거라며 자기 신념대로 살아간다. 더러는 꼰대 소리를 들으면서 말이다.

이렇게 변화의 소용돌이 속에서 아이들을 어떻게 교육해야 하는지는, 모든 부모는 물론 국가적 과제이기도 하다. 그러나 공통된 기준이 없기 때문에 교육을 담당하는 많은 교육자와 부모들이 혼란과 고민에 빠진다.

나 또한 교육 프로그램을 계획하고 수립할 때 매우 조심스럽고 어렵다. 이때 내가 사용하는 방법은 세상이 아무리 변화무쌍해도 변하지 않는 조각을 찾아내는 것이다. 그것이 바로 억만년이 흘러도 변하지 않는 '사랑'이다.

모든 삶에서뿐만 아니라 특히 양육에서는 사랑을 빼놓으면 달리 할 말이 없다. 사랑은 양육에서 필요한 모든 것의 합이고 총체이기 때문에 사랑 없이 아이를 키운다는 것은 불가능한 일이다. 따라서 세상의 모든 부모는 사랑이고 사랑하는 사람이 되어야 한다.

사랑의 부모는 민감하면서도 예민하다. 아이가 보내는 신호를 금세 알아차릴 뿐 아니라 아이가 부모와 함께하며 마음을 나누기를 바란다는 것을 알고 눈과 행동을 아이에게 준다. 심지어 아이의 단점이나 불안전한 모습도 사랑한다.

그러면서 부모는 아이가 행복감을 느낄 수 있는 환경을 만들고 행복을 더더욱 크게 만들려고 노력한다. 그리고 아이에게 부모가 필요한 바로 그 순간 아이 옆에 함께 있어주는 것이 아이를 사랑하는 최고의 방법임을 안다.

영유아기 아이들은 부모와 떨어지는 것을 두려워하고 불안해한다. 또 자신들의 사소한 행동 하나하나를 부모가 인정하고 사랑해주기를 바란다. 왜냐하면 아이들의 유일한 목적이 부모와 함께 기뻐하고 즐거워하고 행복감을 느끼는 것이기 때문이다. 이런 행복감은 설령 부모가 화를 내더라도 그건 부모가 나를 사랑하기 때문이라고 이해하는 마음을 아이가 가지게 한다. 따라서 부모는 사랑의 아이콘이 되어야 한다.

'고도원의 아침 편지' 중 사랑에 관한 좋은 글이 있어 소개한다.

·

"나를 사랑하고 진심으로 응원하는 한 사람이 있다면, 우리는 어떤 어려움도 힘차게 견딜 수 있습니다. 울고는 싶은데 울 수조차 없을 때가 있습니다. 골방에 들어가 울음을 삼키고 가까스로 몸을 추스른 때가 있습니다. 바로 그런 순간에 누군가 조용히 다가와 손을 잡아 일으키면 그보다 더 큰 응원이 없습니다. … 그 한 사람이면 족합니다. 그 한 사람이 바로 엄마여야 하지 않겠습니까?"

사랑을 표현하는 방법은 다양하다

사랑을 표현하는 방법은 수없이 많다. 하지만 말로만 사랑하지 않고 아이를 정면으로 바라보고 이해하고 존중해주는 것 그리고 마음을 알아주고 표현하는 것이야말로 사랑의 기본이다.

그런데 아이를 사랑한다는 이유로 아이가 해달라는 것은 다해주는 부모가 있다. 아이가 하는 말은 무엇이든 최선을 다해 들어주려고 한다. 또는 아이를 지나치게 간섭하거나 강하게 명령해서 아이가 움츠러들고 자존감이 없어지게 하거나 과잉보호를 해서 아이가 안하무인으로 버릇없이 되기도 한다. 그것도 사랑의 한 방법일 수 있다. 부모는 아이 일이라면 어느 누구에게도 지지 않을 전투태세를 갖추고 있기 때문이다.

어느 날 맘 카페에 올라온 엄마들의 대화를 보고 크게 놀랐다. 자기 아이가 다니는 어느 유치원을 비난하는 내용이었다. 원장선생님을 욕하거나 선생님들을 욕해가며 유치원을 비난했다. 물론 유치원에 대한 불만 사항을 서로 이야기할 수 있다. 그런데 욕을 마구 퍼부어대는 글을 보며 아이를 키우는 엄마들이 맞는지 의심스러울 정도였다. 물론 이는 일부 엄마들 얘기고 너무 속상해서 그랬을 것이라고 이해한다.

잘 생각해보자. 부정적인 말을 하면 누가 가장 먼저 듣는가? 바로 부정적인 말을 하는 자기 자신이다. 부모의 부정적인 말은 아이에게 바로 영향을 미친다. 부모의 말은 좋은 말이든 나쁜 말이든 아이 감정의 뇌를 수없이 자극하고 이성의 뇌를 막아버리거나 활성화하는 뇌의 작용에 간섭한다.

따라서 부모가 하는 부정적인 말이나 욕은 부모 자신을 피폐하게 만들어 건강한 양육을 해친다. 더구나 자기가 만들어놓은 자기만의 세상에 아이를 가두어버릴 수 있어 아이 또한 부모와 같은 부정적인 사고와 행동을 하는 경향이 있다. 즉 아이가 건강하게 자라는 것을 방해하는 결과를 초래한다.

에모토 마사루의 『물은 답을 알고 있다』에 보면, 저자는 사랑과 감사를 듣고 본 물이 아름다운 결정을 만들 듯이 우리도 긍정적인 마음과 의식을 가지면 우리 몸속 물도 맑게 정화될 수 있다고 말한다.

물도, 화초도, 밥도 우리가 하는 긍정적인 말을 들을 때는 잘 자라고 부패하는 속도가 느린 것을 여러 실험에서 보았다. 사람도 마찬가지 아닌가? 부모가 해주는 긍정적인 말이 아이를 잘 자라게 하는 토대가 된다는 것은 우리가 다 아는 사실이다.

사랑도 일종의 파동이다. 예를 들면 똑같은 상황에서 불만족한 표정으로 퉁명스럽게 말하는 부모와 긍정적으로 따듯하게 대하는 부모의 사랑 사이즈는 아이에게 큰 영향을 미친다. 사랑하는 형태에 따라 아이의 능력 발휘 수준은 달라진다. 이는 부모의 선택 문제다. 사랑과 감사를 선택할지, 불만과 욕으로 반격할지 그 선택은 바로 부모 몫이다.

사랑은
육아의 답을 알고 있다

사랑한다고 무조건 넘치게 간섭하거나 관여하면 아이는 시들고 만다. 아이가 어떤 성향인지, 어떤 기질의 아이인지 아는 것이 사랑이 바탕이 되는 양육의 시작이다.

엄마, 내게도 마음이 있어

육아에는 정답이 없다는 말을 흔히들 한다. 아이의 특성, 기질, 성향, 가족 역사, 관계, 환경 등이 모두 다르기 때문이다. 그렇기에 정답 운운하는 것은 육아를 어렵게 하고 아이를 더 힘들게 한다. 부모는 기본적으로 아이를 행복하게 키워야 한다고 생각한다. 그리고 행복하게 키우기 위해 죽을힘을 다해 사랑한다.

그런데 아이들은 자꾸 아프다고 한다. 몸이 아픈 것뿐 아니라 마음이 아파서 우울한 아이도 점점 더 많아지고 있다. 그래서 소아정신과도 갈수록 늘어나는 추세다. 이는 우리가 사랑이라는 이름으로 아이를 대하는 방법을 한번쯤 재검토할 필요가 있다는 증거다.

큰아이가 일곱 살 때다. 그때는 내가 하는 일이 바빠서 아이를 사교육에 맡겼다. 아이는 유치원에 갔다가 오면 내가 퇴근할 때까지 미술학원, 붓글씨학원, 바이올린학원까지 빼곡하게 잡힌 스케줄에 따라 움직여야 했다. 다행스럽게도 아이가 아무 탈 없이 잘 다니고 선생님들도 잘한다고 칭찬하니 안심이 되었다. 그런데 어느 날 아이가 바이올린을 집어던지더니 씩씩거리며 소리를 질렀다.

"엄마, 나한테도 마음이 있는 거 알아?"
"왜? 학원에서 무슨 일 있었어?"
"몰라, 나한테도 마음이 있다고."
"그래, 미안해….."

그렇게 아이를 달랬지만 아이가 '나한테도 마음이 있다'고 하는 말이 내 마음을 갈기갈기 할퀴었다. 나는 도대체 아이 마음을 헤아리기는 했나 하는 자괴감에 빠졌다. 잘한다는 선생님 말만 믿고 아이 마음에 말을 걸어준 적이 한 번도 없었다. 그러면서 내가 아이를 사랑한다고 할 수 있을까? 말로만 사랑한다, 사랑한다 했지 정작 나는 아이를 내 마음대로 조종한 것이다.

누군가의 잘한다는 말에 욕심을 내고 아이 마음을 읽는 데는 어두운 엄마였다. 아이가 마음을 다칠 때는 알아차리지 못하다가 곪을 대로 곪아서 아프다고 소리친 다음에야 겨우 아는 바보 엄마였다. 더군다나 나는 유아교육을 전공했고 아이 심리나 아이 다루는 기술을 충분히 알고 있어 어느 누구보다 아이 마음을 이해하는 엄마라고 자신하면서 아이를 키웠다. 사랑한다는 것은 무조건 좋은 것만 주고 먹이고 가르치는 것도 아니며 잘 키우고 싶은 열망만으로는 안 된다는 사실을 알았을 때는 안타깝게도 아이가 이미 다 커버린 후였다.

부모라면 아이 마음에 관심을 가지고 아이가 무엇을 좋아하는지, 어떤 생각을 하는지, 언제 즐거워하고 행복해하는지 아이에게 마음을 물어보자. 그리고 존중해주고 살펴주자. 이렇게 아이 마음 영역에 관여해야만 아이에게 맞는 올바른 사랑을 할 수 있다. 특히 엄마인 자신의 마음 관리도 함께해야 한다는 것을 잊지 말자. 그리고 엄마 마음과 아이 마음은 다르다는 것을 꼭 명심하자.

김지영 작가가 쓴 『착한 엄마 콤플렉스』에도 마음에 관해 물어봐 주어야 한다고 했다.

"아이가 부모 마음으로 살게 하지 말고 아이 마음으로 살도록 두어야 자율성이 강한 아이, 주도적인 아이가 된다. 엄마 마음과 아이 마음이 다르다는 것을 알고 엄마 자신의 마음과 아이의 마음을 묻는 연습을 해야 한다. 이유 없는 마음은 없다. 우리는 그 이유에 관심을 주지 않기 때문에 '그냥'이라는 말을 자주 사용한다. 아이들도 마찬가지다. "그냥요" "몰라요" "재미있어요" "좋아요" 등 이유 없는 대답을 자주 한다. 엄마는 아이가 격한 감정을 보일 때만 마음이 어떤지 살피지 말고 평상시에도 "네 마음은 어때?"라며 물어봐주어야 한다. 관심을 가지고 질문하면 아이의 마음을 아는 데 도움이 된다."

유치원 교실에서 흔히 들을 수 있는 말이 "몰라요" "그냥요"다. 무엇을 물어보아도 "몰라요"라고 하는 아이들이 많다. 이는 부모나 교사가 아이 마음을 살펴주지 못한 예가 아닌가? 누군가가 잘 들어주고 토닥여주어 마음을 헤아려주었다면 아이는 더욱 활기차고 생기 있을 것이다.

이런 이유로 내가 운영하는 유치원에서는 아이가 그린 그림을 가지고 아이의 희, 노, 애, 락을 물어보는 시간을 반드시 갖는다.

"네 기분은 어때?"
"네 마음은 어때?"
"너는 어떨 때 슬퍼?"
"너는 어떨 때 화가 나?"

이렇게 선생님과 함께 눈을 맞추고 서로 소통하는 시간을 통해 아이들이 무슨 생각을 하는지, 어떤 느낌을 가지고 있는지 알아간다. 아이들은 처음에는 이런 시간을 어색해하고 "몰라요" "그냥요"라고만 대답했다. 그러다 점차 마음 놓고 선생님들에게 자기 이야기를 꺼내놓으면서 억압되었거나 존중받지 못했던 마음, 상처가 있는 마음을 차츰 풀어가는 것을 느꼈다.

생각지도 못한 아이들 마음은 때로는 기쁘기도 하지만 아픈 마음을 표현할 때는 가슴이 먹먹해지기도 한다. 이렇게 서로 마음을 안아주고 토닥여주면 아이는 선생님을 믿을 만한 안전기지로 생각하고 자기 마음을 내놓는다. 이렇게 마음을 나누면서 아이들은 스스로 사랑을 배워간다. 마음을 존중받은 아이들의 행동에서는 자신감을 넘어 자존감까지도 쑥 높아진 모습이 보인다.

사랑은 따뜻한 보살핌이다

사랑은 인간의 근원적 감정으로 많은 것을 가능하게 하며 삶의 여러 부분에 관여해 마음을 움직인다. 특히 육아에서는 따뜻한 마음의 움직임, 즉 따뜻한 보살핌이라고 이름 붙이고 싶다. 보살핌은 사랑, 관심의 영역을 모두 포함한다.

언젠가 부모 교육을 할 때 화분을 하나 부모들에게 보여주며 질문을 했다.

"이 식물이 왜 시든 것 같아요?"
"물을 많이 주어서요."
"물을 적게 주어서요."

모두 맞는 말이다. 그러나 중요한 것은 먼저 시든 식물이 어떤 식물인지 알아야 한다는 것이다. 물을 좋아하는 식물인지 싫어하는 식물인지 알아야 식물을 잘 기를 수 있다. 사랑한다고 무조건 물을 많이 주면 뿌리가 썩어 죽게 된다.

아이 양육도 마찬가지다. 사랑한다고 무조건 넘치게 간섭하거나 관여하면 아이도 시들고 만다. 아이가 어떤 성향인지, 어떤 기질을 타고났는지 아는 데서 사랑도 시작되고 양육도 시작된다. 이러한 과정을 놓치면 따뜻한 보살핌으로 연결되지 않는다.

세상에 완벽한 부모는 존재하지 않는다. 완벽을 꿈꾸는 순간 아이는
쪼그라든다. 아이가 스스로 무엇인가 해내고 기쁨을 얻고
원하는 것을 갖기 위해 고군분투하면서 관계 속에서 한 단계
성장할 수 있다. 그런데 부모가 아이가 원하는 모든 것을 다 준다면
아이는 자신이 무엇인가를 얻고 추구하려는 의지가 없어진다.
그렇게 되면 아이는 자신이 무엇인가를 할 이유도 욕구도 없어지게 된다.
즉 주체적인 욕구도 없어지고 부모 말을 잘 듣는 아이가 되어
부모 욕망에 갇힐 수 있다. 잘 양육하고 싶은 부모의 욕망이
사실은 아이를 힘들고 어렵게 하는 것이다.

3장

완벽한 부모는
아이를 미치게 한다

완벽한 부모는
아이를 영재 돌연변이로 만든다

"엄마는 베개다. 푹신한 뱃살이 있으니까 엄마는 물이다. 엄마는 비밀 일기장이다. 학교에서 있었던 일들을 알고 있으니까, 나에게 없으면 안 될 소중한 사람이니까." 이런 엄마가 완벽한 엄마다.

'에러'를 용납하지 못하는 엄마

세상에 완벽한 것이 있을까? 사전에서 '완벽'을 찾아보면 '아무런 흠이 없는 상태'라고 되어 있다. 세상에 흠이 없는 사람은 어디에도 없다. 따라서 완벽한 부모는 존재하지 않는다.

나는 지금까지 유치원을 30년 넘게 운영하고 있지만 완벽한 엄마를 본 적도 만난 적도 없다고 단언할 수 있다. 완벽한 부모인 양 애쓰는 부모는 많이 보았다. 나는 이들에게 '완벽한 부모'라고 이름 붙여준다.

완벽한 부모는 자신만이 가지고 있는 정형화한 틀이 있다. 이 틀에서 벗어나는 것은 모두 다 '에러'다. 완벽한 부모는 보통 에러를 부정적으로 인식하고 배제하려고 한다. 부모가 생각한 대로 아이가 따라주지 못하면 부모의 틀에 맞게 모두 뜯어 고치려고도 한다. 그러나 세상은 쉴 없이 변하고 있다. 기존의 가치가 다양해지고 그때 옳았던 것이 지금은 옳지 않은 경우가 흔하며 사라진 것은 더 많다. 예를 들어 이런 경우다.

내가 초보 교사였을 때는 유치원에서 아이들과 이야기 나누기 시간에 아이가 바른 자세로 앉아서 미동도 없이 선생님 이야기를 똑바로 듣게 하고 대답을 큰 소리로 잘하게 하는 교사가 아이를 잘 가르친다고 원장이나 부모들에게 인정을 받았다. 즉 교사가 시키면 시키는 대로 아이가 또박또박 잘하면 훌륭한 수업이었다고 인정받았다.

따라서 수업 도중에 아이가 조금이라도 엇나가거나 삐뚤게 앉아 있으면 훈계하는 것은 당연했다. 그러니 아이들은 기계처럼 시켜주는 것에 익숙하고 아이들 생각은 멈추어버려 다양한 사고가 표현되지 않았다.

지금은 어떤가? 아이들과 교사가 이야기 나누는 시간은 서로 눈을 맞추며 이야기를 주고받고, 자유롭게 질문하고 대답하며 각자 의견을 존중하는 즐거운 시간이기 때문에 분위기가 활기차다.

나는 유치원에서 부모 교육을 아이들 수업 시간에 시작한다. 이는 아이들이 수업하는 광경을 보여주기 위한 목적도 있지만 정형화되어 있는 부모들 생각을 바꾸어주고 싶은 의도도 있다. 아이들은 시키는 대로만 움직이는 기계가 아니며, 자유롭고 무질서한 듯하지만 질서 있게 자기 역할을 다한다는 것을 부모들에게 보여주고 싶은 것이다.

예상대로 처음 시도했을 때는 많은 부모가 자기 아이가 선생님 말을 안 듣는 것 같다고 불안해했다. 그런데 지금은 아주 익숙해져서 아이들이 기계처럼 똑바로 앉아 있으면 선생님이 너무 많이 통제하는 것 아니냐고 물을 정도가 되었다.

아이들은 여러 가지 시행착오를 경험하면서 성장한다. 부모가 틀리는 것에 민감하고 정확한 것에만 초점을 둔다면 아이는 더는 용기를 내지 못할 것이며 호기심 또한 발휘하지 못할 것이다.

아직까지도 우리 아이가 선생님과 이야기 나누기 시간에 자기 의견 없이 바른 자세로 앉아서 교사가 시키는 대로 한다면 안심이 되는가? 교사 역시 마찬가지다. 아이가 시키는 대로 따라 하지 않으면 견디지 못하는 교사는 한번 생각해보아야 한다.

완벽한 우리 엄마

유치원에 오는 부모 중 숨이 막힐 정도로 완벽한 은이 엄마가 있다. 은이 엄마랑 마주 할 때는 뭔지 모르겠지만 마음이 불편하고 긴장마저 된다. 엄마의 의도가 겉으로 뿜어져 나와서 그런 것은 아닌가 하면서도 볼 때마다 신경 쓰인다.

유치원에서 선생님이 조금이라도 실수하면 은이 엄마는 선생님도 다그치고 몰아붙인다. 그러니 마음 편하게 교사 역할을 하기가 어렵고 잘하려고 해도 자꾸 어긋나기 일쑤다. 은이 역시 선생님 눈치를 살피는 것에 익숙하고 새로운 뭔가를 시도할 때는 무척 힘들어한다.

어느 날 그림 그리기 시간에 은이가 그림은 그리지 않고 그냥 앉아만 있었다. 그래서 "은이야, 우리 함께해볼까?" 했더니 고개를 가로저으며 눈물을 주룩주룩 흘렸다. 은이가 이런 모습을 보이면 교사도 더 안절부절못한다.

은이는 엄마가 시키는 대로 뭐든 잘하며 두각을 드러내긴 했으나 유독 그림을 그리는 데는 아직 난화기(아동 미술의 첫 번째 단계. 팔을 자기 의지로 통제하지 못해 크고 작은 원을 연속적으로 그리며, 색을 의도적으로 선택하지 않고 손에 잡히는 대로 사용함)에 머물러 있다. 그런데 은이 엄마가 은이 그림을 보고 버럭 화를 내며 아이를 다그친 모양이다. 아마 은이 엄마는 은이가 그림만 잘 그리면 다 완벽할 것이라고 생각했을 것이다. 그때 이후 은이는 무기력해 보이고 아무것도 시도조차 하지 않으려고 해서 교사와 엄마의 애를 태웠다.

은이 엄마는 은이가 모든 면에서 또래보다 두각을 나타내는 것 같아 영재 판별 검사까지 받았고, 은이가 영재라는 말을 듣고 아이를 잘 키워보려 했다고 했다. 그런데 그 욕심이 지나쳐 은이는 과부하 상태에 놓이게 되었고, 유치원 생활마저 위협받는 상태가 되고 말았다.

은이는 세 살 때 한글을 읽기 시작하더니 영어에도 관심을 보였다. 그래서 은이 엄마는 학습 플랜을 완벽하게 짜서 은이에게 공부를 시켰다. 은이가 또래보다 월등히 잘하자 주위 다른 엄마들의 부러움도 샀다.

엄마는 다른 아이보다 내 아이가 부족하다고 느껴지면 실망하고 잘한다고 느껴지면 욕심이 올라오는 모양이다. 하지만 아이를 키우는 것은 이렇게 욕심을 낸다고 되는 것이 아니다.

아이는 앞으로 나아가려는 자유의지를 잃었는데 엄마의 지나친 욕심이 개입되면 처음에는 조금 잘하는 듯 보여도 나중에는 더 못하는 경우도 많다.

완벽한 엄마는 이 세상에 없다. 그러니 완벽한 엄마가 되려고 지나치게 노력하지 마라. 그러면 아이는 자유의지가 꺾여 성장하지 못하는 것은 물론 엄마는 화내는 엄마, 아이는 눈치 보는 아이가 된다.

그래도 완벽한 엄마를 꿈꾼다면 어느 초등학생이 지은 〈완벽한 우리 엄마〉라는 동시를 읽어보기 바란다.

〈완벽한 우리 엄마〉

엄마는 베개이다.

편하고 푹신한

뱃살이 있으니까

엄마는

비밀 일기장이다.

학교에서 있었던 일들을

알고 있으니까

엄마는 스마트폰이다.

엄마와 이야기를 할 때

신나고 즐거우니까

엄마는 물이다.

나에게 없으면 안 될

소중한 사람이니까

이런 엄마가 완벽한 엄마다(신성초 6학년 정하진 어린이가 유튜브에 올린 동시). 아이의 마음을 헤아리고 이해해주는 따뜻한 엄마, 이런 엄마가 완벽한 엄마 아닐까?

옳은 말을 하는 부모보다
이해해주는 부모가 더 좋다

아이의 첫 세상은 부모다. 이렇게 중요한 시작에서 공감을 배우지 못하면, 아이는 이해라는 중요한 정서적 교감을 배울 기회를 잃는 것과 마찬가지다. 아이를 이해하고 공감해야 한다.

옳은 말을 하려면 먼저 공감하라

영유아기는 성장하는 시기고 변화를 줄 수 있는 시기다. 철이 없는 어른을 옳은 말로 변화시키기는 어렵지만 아이들은 변화를 주기가 쉽다. 따라서 가치관이 성립되는 기초이자 바탕이 되는 시기인 유아기에 옳고 그름이 무엇인지 알려주는 과정은 매우 중요하다. 아이들이 좋지 않거나 옳지 않은 것을 바탕으로 살아가지 않기를 바란다면 말이다.

그런데 많은 부모가 자신들의 '옳은 말'로 아이와 관계가 나빠져 고민한다. 내가 그들에게 하고 싶은 말은 하나뿐이다.

"방법을 바꿔보세요."

철이 없는 사람들을 생각이 어리다고 한다. 자신의 행동을 잘 인지하지 못하거나 책임감이 없는 사람들을 아직 아무것도 몰라 실수하는 아이들에 빗댄 말이다. 사람들은 그들을 질책은 하지만 바로잡아주려고 하지는 않는다. 그들이 남이기도 하지만 철이 없는 '어른'들이 쉽게 변하지 않는다는 것도 잘 알고 있기 때문이다.

그런데 부모들은 아이들이 '아이'라는 이유로, 하물며 인지능력이 더 발달한 어른조차 할 수 없는 변화를 너무나 쉽게 요구한다. 이것이 아이들에게 타당한 대접인가? 아이들이 쉽게 물들일 수 있는 백지라 하더라도 우리는 우리조차 하기 어려운 일을 아이들에게 강요하는 건 아닌가?

부모들은 알아야 한다. 아이들은 변화하기 쉬운 만큼 민감하고 예민하다는 것을. 아이들을 변화시키려면 그에 따른 대가를 지불해야 한다는 것을. 보통은 그 대가가 부모에 대한 아이들의 반감인데, 이에 대해 부모들은 혼란스러워한다. 아이들의 변화에 비례한 대가를 자각하지 못하고 아이들 반응에 충격을 받는 것이다.

그러면 부모는 이제 고민하기 시작한다. 아이들을 위해 옳은 말을 해야 하는지 아니면 사랑을 빙자한 방치를 해야 하는지. 정답은 물론 전자다. 부모들은 아이들에게 옳은 말을 해주어야 한다. 다만,

단순히 옳은 말을 하는 것이 아니라 아이들과 공감하며 옳고 그름을 가르쳐야 한다.

나는 여기서 공감을 이해라는 말과 같이 사용하겠다. 아이들이 그른 행동을 했을 때, 먼저 '왜 그랬을까?' 생각해보는 태도 말이다. 아이들이 단순한 만큼 그들의 세계 또한 단순하다. 그들이 어떤 행동을 하는 데는 치밀한 이유가 없다. 그저 본능과 감정에 충실할 뿐이다. 유치원에서 벌어지는 크고 작은 사건이 거의 그런 식이다.

아이들은 아직 자타 분리가 되지 않아 화가 나고, 자신이 원하기 때문에 다투거나 떼를 쓰고 운다. 아이들이 옳은 말을 하는 부모에게 반감을 가진다면 그 이유 또한 단순히 엄마·아빠가 자신에게 화를 냈고, 자신이 원하는 것을 해주지 않았기 때문이다.

그만큼 대부분 부모는 아이들이 왜 그런 행동을 했는지, 어떤 생각과 감정을 가지고 그런 행동을 했는지, 무엇을 원했는지는 관심조차 없고 아이들이 엇나갈 일만 걱정해 훈계를 한다. 아이들은 영문도 모른 채 자기 마음을 알아주지 않는 부모에게 서운해서 미워하는 마음을 가진다.

이런 엇박자가 계속될 때 그 관계도 함께 엇박자를 타게 된다. 오직 부모가 세상의 전부인 아이들에게 그 세상이 이유 모를 화만 내고 자기 말을 들어주지 않는다면, 아이들이 어떤 감정을 느낄지 짐작할 수 있겠는가? 상상할 수 있겠는가? 온 세상이 자기 말을 들어주지 않고 옳다고 하는 것을 강요만 하는 상황을 말이다.

칭찬이 고래를 춤추게 한다면 이해는 고래를 웃고 안심하게 한다. 아이들은 엄마·아빠가 자기 마음을 이해해줄 때 안심하고 자신이 사랑받는다고 확신할 것이다. 그리고 그 확신을 바탕으로 부모를 믿을 것이다.

당연하게도 이 믿음은 부모 말에 설득력을 실어주어 아이들은 비로소 부모가 말하는 옳은 것을 받아들이게 된다. 즉 아이를 이해한 결과가 아이들을 변화로 이끄는 것이다. 현명한 부모라면 변화로 반감을 얻기보다는 이해로 변화를 얻는 선택을 하리라고 본다.

그렇다면 아이들을 어떻게 이해하라는 말인가? 그냥 이해하라고 하는 것은 너무 막연하다. 아이들은 너무 어리고, 부모는 어려본 지가 아주 오래되었기 때문에 쉽지 않다. 아이들의 행동이 도대체 이해 가지 않고 화가 나거나 짜증이 나기도 할 것이다. 아이를 이해하기 위해 가장 중요한 것은 아이 말을 경청하는 일이다. 그리고 아이 생각과 마음을 받아들이는 것이다.

여기서 논리는 중요하지 않다. 아이들은 허무맹랑하고 다듬어지지 않았으며 실수하는 것이 당연하다. 아이가 정말 이해하기 힘들 때면, '나 또한 어렸을 때 그랬지'라는 생각을 하며 호응해주자. 마음을 비운 채 아이들의 감정을 담고 곱씹어보는 것이다.

이 과정을 이해의 첫걸음이자 아이들에게 신뢰를 쌓는 첫걸음으로 삼는다면, 나중에는 아이 마음을 더 쉽게 이해할 수 있고, 나아가 아이 행동으로 생각을 짐작할 수 있으며, 그에 따른 적절한 방법으로 아이를 변화시킬 수 있다. 부모자녀 관계의 이 첫걸음은 앞으로 나아갈 수많은 걸음의 중요한 밑거름이 될 것이다.

관계의 첫걸음은 이해로 시작한다

중요한 것이 하나 더 있다. 아이들에게 이해하는 법을 가르치는 것이다. 아이를 이해해주는 것이 중요하다고 해서 무조건 이해하기만 하는 것은 곤란하다. 이해하라는 말은 아이의 잘못을 방관하고 혼내지 말라는 의미가 절대 아니다. 그럼 어떻게 하라는 건지 혼란스러울 수 있지만 부모는 이 모든 난해한 일을 받아들일 수 있어야 한다.

아이를 일방적으로 이해만 해서는 아이를 변화시킬 수 없다. 이해하는 목적을 다시 떠올려보자. 아이들과 좋은 관계를 맺는 것도 이유이지만 긍정적인 방향으로 아이의 변화를 이끄는 방법이기도 하기 때문이다.

부모는 아이들에게 공감하는 방법도 가르쳐주어야 한다. 엄마나 아빠만 이해할 수 있는 게 아니라는 것을 보여주어야 한다. 아이도 스스로 엄마·아빠를 이해하고 친구를 이해하고 선생님을 이해할 수 있다는 것을 알려주어야 한다. 더 나아가 사람은 물론 동물을 비롯한 다른 생물도 이해하고 존중할 수 있다는 것을 알려주어야 한다.

아이가 '상대방'을 이해하게 되면 부모에 대한 신뢰로 맞이하는 변화보다 더 응용력이 뛰어난 변화를 맞이하게 될 것이다. 이런 정신적 성장은 아이들과 부모의 세계를 더 확장시킬 것이고, 스스로 옳고 그름이 무엇인지 판단하는 능력을 기르게 될 것이다. 물론 엄청난 시간과 인내가 필요한 것은 당연한 일이다.

옳은 말은 아주 중요하다. 변하기 쉬운 아이들이 자칫 옳지 않은 길로 가길 원치 않는다면 말이다. 자식에게 물고기를 주는 것이 아니라 물고기 잡는 방법을 가르쳐주라는 말을 유념하자. 아이를 이해하고 이해하는 법을 가르쳐주는 것은 물고기 잡는 방법을 알려주는 것과 같다. 이것이 아이들의 정서적 안정에 훨씬 더 중요하다.

물론 이 과정이 쉽지 않고 험난할 수 있지만, 부모는 자식에게 책임을 다해야 한다. 부모가 되는 것이 처음이기 때문에 몰랐을 것이다. 하지만 자식도 자식이 되는 것이 처음이라는 사실을 기억하자. 그리고 아이의 첫 세상은 부모라는 것 또한 명심하자.

이렇게 중요한 시작에서 공감을 배우지 못하면, 아이는 이해라는 중요한 정서적 교감을 배울 기회를 잃는다. 마찬가지로 부모는 부모 됨으로 아이를 이해하고 공감해야 한다.

유아기에는 변화무쌍함이 폭풍처럼 몰아치기도 한다. 또 잘 알지 못해서 일어나는 여러 가지 일이 스스로에게 어떤 결과를 일으켰는지 자각하지 못한다. 그러나 그것을 폭풍의 잘못이라고 할 수 있겠는가? 폭풍의 길잡이인 부모는 필연적인 책임감으로 아이를 알맞은 곳으로 인도해야 한다.

나아가 옳은 것과 그른 것을 식별하는 힘을 길러주어야 한다. 나는 우리나라 부모들이 변화무쌍한 생각과 감정을 지닌 아이들을 이해하고 공감함으로써 아이들 스스로 잘 성장할 수 있도록 도와주길 간절히 염원하고 응원한다.

❝ 관리중독에 빠진 아이들
"나 좀 관리해주세요"
❞

아이가 집 안을 마구 어지럽히며 놀고 있는가? 그럼 절대 야단치지 마라. 지금 아이는 열심히 온 힘을 다해 뇌를 자극하는 중이다.

어릴 때 시작된 과잉보호가 관리중독에 빠뜨린다

아이가 유치원을 졸업할 때쯤 나는 부모들과 상담을 한다. 유치원 생활을 뒤돌아보며 감사와 사랑을 전하고 앞으로 초등학교에 가서도 잘 적응해 학교생활을 즐겁게 하기를 바라는 내 마음의 표시다. 이렇게 잘 마무리하고 새로운 시작을 축하해준다.

재겸이 엄마가 직장에서 퇴근한 뒤 허겁지겁 교무실 문을 열고 들어왔다. 재겸이는 딸 둘을 낳은 뒤 얻은 늦둥이 아들이다. 그러다 보니 엄마·아빠는 물론 할머니·할아버지의 사랑을 한몸에 받았다.

또 같은 상황에서 누나들은 꾸지람을 듣지만 재겸이는 모든 것이 용서되는 불공정한 대상이었다. 그래서 누나들의 질투와 미움 또한 온몸에 받았으나 재겸이는 신경 쓰지 않았다.

재겸이는 가정에서는 온 가족의 과잉보호로 꼬마 왕이 되었지만 유치원에서는 이빨 빠진 호랑이가 되어 규칙이나 질서 지키기를 어려워하고 스스로 할 수 있는 일조차 힘에 겨워하며 난관에 부딪히기 일쑤였다. 신발 벗는 것, 밥 먹는 것, 양치하는 것을 비롯한 기본 생활을 모두 교사의 도움을 받아야만 하는 의존적인 아이였다. 또래들이 "애기래요, 애기래요" 하고 놀리면 친구들을 괴롭히면서 "우리 엄마한테 이를 거야" 하고는 자신만의 동굴 속으로 들어갔다.

그러다보니 재겸이는 더욱더 의존적이 되었고 자신감과 자존감이 땅에 떨어져 엄마가 없으면 아무것도 못하는 아이가 되었다. 직장생활을 하는 엄마는 난감해하면서도 과잉보호와 통제를 했고 아빠에게 많은 것을 떠넘겼다. 하지만 재겸이가 너무 예쁜 아빠는 많은 것을 지나치게 허용했다.

과잉보호에다 많은 것이 허용된 재겸이는 새로운 것을 시도할 때 한 발짝도 스스로 나아가지 않으려고 했다. 재겸이는 엄마가 없으면 아무것도 하지 못하는 아이로 습관이 들었으며 통제에 익숙해졌다. 게다가 자기조절능력이 부족하고 불안해하며 걱정만 많아서 안절부절못하는 일이 잦았다.

"어머님, 우리 재겸이 그냥 보고만 있어도 예쁘죠?"

"네, 아주 예쁜데 말을 너무 안 들어서 학교에 어떻게 다닐지 걱정이에요."

"재겸이가 가정에서는 어떻게 생활하나요? 혹시 우쭈쭈하면서 과잉보호하시나요?"

"너무 예뻐서 다 허용해주는 편이지만 말을 안 들을 때는 엄하게 통제도 해요. 그런데 먹히지 않아요."

"그러실 것 같아요. 어머님, 제가 질문 하나 드릴게요. 과잉보호는 존중인가요? 아니면 무시인가요?"

과잉보호는 사랑도 존중도 아니다. 그것은 바로 아이를 무시하는 것이다. 아이를 사랑한다면 스스로 할 수 있도록 아이를 존중해주어야 한다. 그래야 자신을 조절하고 스스로 계획을 세워 자기 주도적으로 삶을 살아가는 방법을 배운다. 아이가 예쁘다는 이유로 엄마·아빠가 아이의 모든 것을 관리하고 통제한다면 아이는 멈추어 설 수밖에 없다. 그러면 엄마·아빠는 계속 아이 뒤를 따라다니며 관리해주어야 한다.

얼마 전 한 신문에 '나 좀 관리해주세요'라고 호소하는 젊은이들 얘기가 기사로 실렸다.

어려서부터 입시학원 등 관리에 길들여져 성인이 돼도 '관리중독'에서 벗어나지 못하고 있다는 지적도 제기됐다. 김은주 강남세브란스병원 소아청소년정신과 교수는 "초등학교 때부터 부모와 학원에서 집중적으로 관리를 받았기 때문에 주도적으로 계획을 짜거나 실천하는 것이 부족한 것이 요즘 세대"라면서 "청소년기에 자기 스스로 계획을 세워 공부를 하지 않았기 때문에 성인이 돼서도 타인의 간섭과 통제가 필요한 것"이라고 지적했다.

김 교수는 "취업과 시험까지 합숙을 해야 성이 풀리는 문화가 자리를 잡은 것은 부모의 양육이 잘못됐기 때문"이라면서 "혹여 자식들이 시험이나 취업에 떨어질까 두려워 수단과 방법을 가리지 않고 비용을 투자하는 것 자체가 문제"라고 말했다. 김 교수는 또 "어려서부터 이렇게 성장한 아이들은 겉보기와 달리 자신감이 부족한 아이들이 많다"면서 "이렇게까지 해서 공무원시험이나 취직이 된 사람들이 제대로 일을 할지 의문"이라고 꼬집었다.

나혜란 서울 성모병원 정신건강의학과 전문의도 "어려서부터 쉽게 모든 것을 얻을 수 있는 환경에서 성장하다보니 스스로 어떤 일을 해결하거나 판단하는 능력이 떨어져 남에게 의존할 수밖에 없는 상황에 몰릴 수밖에 없다"고 지적했다.

영유아기는 논리적 사고는 충분히 발달하지 못하지만 눈앞에 없는 사물이나 사건을 머릿속으로 그려낼 수 있는 상징적 사고가 가능하며 종합적 사고력을 담당하는 전두엽이 활성화되는 시기다.

이때는 기본적인 생활습관, 예를 들면 밥 먹기 전에 손 씻기, 가지고 놀았던 장난감 제자리에 정리하기 등 살아가는 데 꼭 필요한 절제능력과 타인을 이해하고 배려하는 등의 기본적인 삶의 기술이 평생 습관이 되도록 부모에게서 배우고 익혀야 한다.

이러한 능력은 전두엽이 담당하는데 전두엽은 모든 것을 계획하고 실행하도록 하는 총사령관 역할을 한다. 따라서 영유아기에는 전두엽이 활성화하도록 아이를 사랑이라는 이름으로 과잉보호하거나 통제하지 말자.

아이가 지금 집 안을 마구 어지럽히며 놀고 있는가? 장난감을 신나게 부쉈다가 고치면서 부모를 힘들게 하는가? 그렇다면 절대 야단치지 마라. 지금 아이는 열심히 온 힘을 다해 뇌를 자극하는 중이다.

사랑통을 앓는 아이들에게는
아빠가 답이다

아이를 대인관계가 좋고 사회성이 좋은 아이로 키우고 싶다면 아빠가 아이와 몸으로 하는 놀이를 놓치지 않기 바란다. 아이가 자라는 데는 아빠의 사랑도 꼭 필요하다.

우리 아이는 꼬마 폭군!

아이를 양육하는 것은 쉬운 일이 아니다. 엄마가 처음이라 그럴 수도 있지만 둘째, 셋째라고 해서 더 쉽지는 않다. 유치원에 오는 아이 중 집에서 셋째인 연우가 있다. 연우는 언니들에 비해 유달리 분리불안이 심하다. 고집과 자기주장이 지나치게 강하고 떼를 쓰면서 수없이 많은 이유를 들어 엄마를 힘들게 한다. 연우는 엄마가 약속을 어겼다고 떼쓰고 억지를 부린다. 등원하는 날이면 아침마다 엄마와 실랑이를 하는데 자기만의 일관된 고집과 논리가 있다.

"선생님, 내가 왜 이러는지 아세요?"

"언니들은 학교 끝나고 둘이 매일 만나는데 나만 언니를 만나지 못해서 엄마와라도 있고 싶어요."

"엄마는 약속을 안 지켜요."

"오늘도 두시 반에 데리러 온다고 하고 조금 늦게 왔어요."

"저번에도 약속을 안 지켰어요. 그래서 난 엄마랑 있어야 해요."

연우는 일곱 살이라고 할 수 없을 만큼 또박또박 자기 이야기를 뽑아낸다. 웬만한 어른은 아이 말에 말려들어갈 정도로 연우는 말을 잘한다. 그러니 연우 엄마는 연우에게 늘 양보하고 연우 고집에 손을 들고 만다. 이러한 상황이 반복되다보니 연우는 엄마에게 폭군이 되었다.

사실 연우가 여섯 살 때는 유치원에서 아주 잘 생활하고 유치원에 오는 것을 즐거워했다. 그런데 일곱 살이 되면서 분리불안 증세를 넘어 폭군이 되었는데 거기에는 이유가 있었다. 연우가 막내다보니 주변에서 지나칠 정도로 예뻐했고 왕처럼 받들었다.

그래도 어려운 상황이 생기면 서로 이야기를 주고받으며 해결해나가기도 해서 순조로운 듯했지만 결정적으로 아이가 폭군이 된 이유가 있었다.

연우가 유난히 좋아하고 따르던 아빠가 어느 날 부부싸움을 하고 집을 나가버린 뒤 한 달 동안 집에 돌아오지 않았다. 그것도 아무런 설명도 없이 말이다. 그때 연우는 불안이 극도로 심해져 무섭다고 아빠를 찾으며 엉엉 울었다. 이때 연우는 '아빠가 나를 버렸다'고 생각한 모양이다.

아빠가 돌아왔지만 연우는 아빠를 거부하고 밀어냈으며 엄마에게 껌딱지처럼 붙어 있었다. 연우는 엄마마저 자신을 버릴지 모른다는 압박감이 작용한 듯 엄마 치마 꽁무니에서 벗어나면 큰 일 난 것처럼 울었다.

연우는 가족이 조금만 서운하게 하면 짜증을 내고 화를 냈다. 그러다보니 아이는 점점 힘이 세지고 엄마·아빠 말을 듣지 않는 고집스러운 폭군이 되었다. 똑똑한 연우는 마음속 한가득 자기가 사랑하는 사람이 떠날지도 모른다는 불안, 즉 버림받는 것에 대한 불안이 부정적인 자신만의 프레임으로 작용했고, 이를 여러 상황에 연결했다. 더욱이 불안은 엄마에게 집착하는 것으로 변했다.

이러한 악순환을 끊으려면 약속한 것은 꼭 지킨다는 믿음을 지속적으로 주어야 한다. 따라서 부모는 약속을 어기지 않는 것이 우선이다. 연우가 소속감과 안정을 느낄 수 있도록 엄마·아빠가 함께 노력해야 하며 진실한 사랑을 느끼고 애착관계를 회복할 수 있도록 아빠와 함께 몸 놀이를 통해 친숙해지는 것이 좋다. 또 아빠는 늘 연우 편이고 연우를 사랑한다는 확신을 가지게 하는 것이 좋다.

그래야 심리적으로 안정되며 나아가 정체성을 찾고 자존감이 회복된다. 그렇지 않으면 점점 더 자신을 보호하기 위해 화를 내거나 강박행동으로 자신을 포위하게 된다.

아이에게 중요한 아빠의 자리

연우의 예에서 보듯이 아빠는 상징적인 신뢰의 대상으로 아주 중요한 존재다. 우리 집을 든든히 지켜주고 우리 가족을 보호해주는 가장 든든한 지원군인 아빠가 나를 버렸다는 느낌은 아이에게 너무나 큰 상처를 남겼다. 더군다나 여섯 살, 일곱 살은 프로이트가 말하는 오이디푸스콤플렉스시기로, 아이는 이때 건강한 남성성과 여성성을 엄마·아빠를 통해 배운다.

동성 부모를 질투하고 경쟁하다가 한계를 느낀 아이는 엄마를 닮아야지, 아빠를 닮아야지 하는 결론을 내리고 엄마·아빠의 많은 것을 따라 하므로 엄마는 딸에게, 아빠는 아들에게 바람직한 역할 모델이 되어야 한다.

아이들은 엄마보다 아빠 이야기가 나오면 아빠 자랑으로 즐거워하고 아빠를 두둔해주고 변명해주느라 수다스러워진다. 엄마랑은 매일 함께 있는 시간이 많아서 그런지 아니면 일상적인 활동을 늘 함께해서 그런지 모르겠지만 엄마보다 아빠 이야기만 나오면 모두 수다쟁이가 되어 싱글벙글한다.

마리앤 K. 쿠시마노의 『아빠는 나를 사랑해』라는 그림책을 아이들에게 읽어준 뒤 "우리 친구들 오늘 유치원 끝나고 집에 가면 아빠가 퇴근하시고 우리 친구들과 아주 재미있게 놀아주시라고 원장선생님이 아빠에게 말씀드릴게요"라고 했다. 그랬더니 아이들이 아빠가 못 놀아줄 것을 거의 확신하듯 이유를 만들어 아빠를 두둔했다.

"우리 아빠는 나랑 못 놀아줄걸요."
"우리 아빠는 바빠요."
"우리 아빠는 늦게 와서 못 놀아줘요."
"우리 아빠는 힘이 없어서 못 놀아줘요."
"우리 아빠는 힘들어서 자야 해요."
"우리 아빠는 허리가 아파요."
"우리 아빠는 중국에 갔어요. 그래서 못 놀아줘요."

나는 일부러 아이들이 아빠와 함께 몸 놀이하는 시간을 내도록 권하고, 아이와 아빠가 함께 잘 놀 수 있는 방법을 아빠 교육으로 안내한다. 많은 아빠가 바쁘기도 하지만 아이들과 어떻게 놀아줘야 하는지 모른다는 사실에 새삼 놀랐다.

아이들은 아빠와 함께 손을 마주 잡고 빙그르르 도는 것에도 까르르 함박웃음을 터뜨리며 좋아한다. 2시간 정도 아빠의 몸이 장난감이 되고 놀이터가 되어 몸 놀이를 하고 나면 아빠도 아이도 한결 가까워진 것을 느낄 수 있다. 얼굴에는 뿌듯함이 넘쳐나고 아이들과 관계는 틈이 없을 정도로 친숙해진다.

물론 엄마의 영향이 아이 양육에서는 절대적으로 중요하지만 아빠도 예외는 아니다. 아빠와 맺은 애착관계는 인생을 살아가는 데 아주 큰 원동력이 된다. 아빠와 쌓은 친밀한 관계는 삶에서 여러 영역을 좌우하는데, 특히 사회성 발달에 큰 영향을 미친다. 이는 엄마에 비해 아빠가 좀더 세상을 살아가는 다양한 방법이라든지 특별한 과제나 과학적 지식과 관련된 이야기를 나누고 성취를 자극하기 때문이다.

영국의 한 연구 결과를 보면 영아기에 아빠가 목욕을 시켜준 아이가 사회성이 좋다는 내용이 있다. 아이를 대인관계가 좋고 사회성이 좋은 아이로 키우고 싶다면 아빠가 아이와 몸으로 하는 놀이를 놓치지 않기를 바란다. 아이가 자라는 데는 아빠의 사랑도 꼭 필요하다.

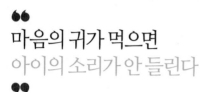

마음의 귀가 먹으면
아이의 소리가 안 들린다

이제 엄마의 마음을 활짝 열고 아이가 무럭무럭 잘 클 수 있도록 온 마음을 다해 사랑하자. 사랑은 닫힌 마음을 열게 하는 마법이다.

마음은 사랑할 수 있게 해준다

여러분 마음은 지금 어디에 머물러 있는가? 마음이 있기는 한가? 마음에 관한 고찰이라도 해야 할 듯하다. 잡히지도 않고 보이지도 않는 마음 이야기를 하려니 신경이 쓰이고 마음대로 마음을 사용하는 나 자신이 부끄럽기도 하다.

사전에 따르면 마음은 "사람이 다른 사람이나 사물에 대해 생각, 인지, 기억, 감정, 의지 그리고 상상력의 복합체로 드러나는 지능과 의식의 단면을 가리킨다. 이것은 모든 뇌의 인지 과정을 포함한다.

'마음'은 가끔 이유를 생각하는 과정을 일컫기도 한다. 보통은 어떠한 실체의 생각과 의식의 능력으로 정의된다"라고 되어 있다. 그러고 보니 마음은 참으로 복잡하다는 생각이 먼저 든다.

언젠가 최영애 박사님과 함께 정원 공부 중 마음에 관해 공부하게 되었는데 박사님이 "마음이 뭔가요?"라고 질문하셨다. 모르면 아이들한테 물어보면 알 수 있다면서 아이들이 말한 마음에 관한 동시들을 읽어주셨다. 유치원 아이들이 지은 마음에 관한 동시는 내가 쓴 『질문하는 엄마 명령하는 엄마』에도 실린 적이 있지만 다시 한 번 들려주고 싶다.

마음은…
마음은 사랑을 할 수 있게 해줘요.
그리고 친구를 사귀게 해줘요.
마음은 사는 데 필요해요.
마음이 없으면 죽는 거예요.
마음이 크면 안 아프고, 마음이 작으면 아파요.
마음이 크면 안 답답하니까요.
마음이 더 많이 작으면
더 답답하고 더 아파요.

너무 깜찍하기도 하지만 많은 것을 느끼게 해준다. 마음은 사는 데 필요하고 사랑할 수 있게 해준다. 마음이 없으면 죽는 거고, 마음이 크면 안 아프고 작으면 아프니 마음을 크게 가지라는 말은 우리 모두 새겨야 할 마음 사용법 아닌가? 아이들이 믿어지지 않을 정도로 어른스럽다.

마음은 소중한 것 같다.
마음이 없으면 불편하니까
싸우기만 해요.
양보 안 해요.
마음이 없으면 사람이 아니에요.
마음은 하트예요.
하트는 마음에 들어 있어요.

가슴속에 있는 건
무언지 몰랐는데 크니까
알게 됐다. 마음이다.
우리를 움직일 수 있게 하는 거였다.

이 동시는 마음이 없으면 사람이 아니라고 한다. 마음은 하트, 즉 사랑인데 사랑이 없는 사람은 늘 싸우고 양보를 하지 않는다고 한다. 아이 말처럼 만약 엄마가 마음의 귀가 먹으면 아이를 진정으로 사랑할 수 없다. 왜냐하면 자신이 듣고 싶은 것만 듣고 보고 싶은 것만 보게 되니까 훈계하려고 할 것이기 때문이다. 그러면 아이는 움직일 수 없고 앞으로 나아갈 수 없다. 그러니 엄마는, 마음은 하트이고 하트는 마음에 들어 있다는 것을 꼭 기억해야 한다.

나는 마음이 뭐 먹고 사는지 궁금하다.
사랑을 먹고 산다.
마음은 마음이 없으면 못 산다.
마음이 없으면 숨도 못 쉬고
마음이 없으면 자기 마음대로도 할 수 없다.

마음이 없으면 생각도 못 한다.
그리고 친구들이 뭐 하고 있는지도 모른다.
친구들하고 어떻게 사귀는지도 모른다.

아이들은 안다. 마음이 무엇을 먹고 사는지를. 그것은 바로 사랑이다. 사랑을 받지 못하면 숨도 못 쉬고 생각도 못 한다는 것을. 그래서 세상을 어떻게 살아야 하는지 방법을 모르게 된다.

이제부터라도 아이가 쑥쑥 잘 자랄 수 있도록 아이 마음에 귀 기울이고 사랑을 듬뿍 주자. 그것이 바로 영유아기에 따뜻한 보살핌을 받아야 하는 이유다.

마음은 다 달라요

마음은 좋은 거야.
동생은 나하고 마음이 틀려요.
엄마랑 아빠랑 마음이 틀려요.
친구랑 나랑 마음이 똑같아요.

싸우고 화나고 놀 때
마음을 느낄 수 있다.
마음은 생각도 할 수 있다.
마음은 마음대로 할 수 있다.

마음은 가운데 있다.

마음이 없는 줄 알았는데

이제 마음이 있는 걸 알았다.

마음이 없으면 우린 안 큰다.

마음이 있으면 좋겠다.

마음이 없으면 무럭무럭 클 수가 없어요.

마음이 작아지면 아파요.

마음이 커지면 안 아파요.

어쩌면 세상에서 가장 어려운 일이 사람 마음을 얻는 것이다. 사람 마음을 얻으려면 상대방 말을 귀를 기울여 듣고 잘 이해하고 존중하는 자세가 필요하다. 아이들도 마찬가지다. 아이들은 이미 마음이 무엇인지는 물론 마음을 어떻게 사용해야 하는지도 모두 다 알고 있다. 다만 어른만 잘 알지 못하고 있었던 것이다.

이제 엄마 마음을 활짝 열고 아이가 무럭무럭 잘 클 수 있도록 온 마음을 다해 사랑하자. 사랑은 닫힌 마음을 열게 하는 마법이다.

좋은 부모 노릇도
지나치면 병이다

소소하지만 행복해하고 아이가 잘하는 일에 맞장구를 쳐주면서 감탄해주는 엄마·아빠. 그런 엄마·아빠가 최고로 멋진 부모다. 아이들에게는 옆에 있어주는 것이 최고의 선물이다.

나는 좋은 엄마인가, 나쁜 엄마인가

나는 좋은 엄마였었나, 나쁜 엄마였었나? 이는 내가 대답할 성질의 것이 아니다. 내 아이들에게 물어보아야겠다.

"선용아, 너에게 엄마는 어떤 엄마였어?"

"응, 엄마는 도전과 극복의 엄마였지."

"그게 무슨 소리야?"

"엄마를 보면 긴장되고 엄마가 내 마음을 꼼짝 못하게 했지."

선용이가 이렇게 말하는 것을 보니 내가 좋은 엄마가 되려고 노력하고 최선을 다했지만 아이 입장에서 볼 때는 그렇게 좋지 않은 엄마였는가 보다. 우리 아이가 어릴 적 나는 일하고 공부하느라 많은 시간을 아이에게 내주지 못했다.

그럼에도 좋은 엄마가 되려고 부단히 노력하고 애썼다. 많은 육아서적을 뒤적이며 육아서적에서 하라는 대로 했고, 최고로 좋은 것을 먹이고 입히며 틈나는 대로 놀아주고 만져주면서 엄마 역할을 충실히 했다고 스스로 위안했다.

더구나 유아교육을 전공한 나는 아이를 잘 키워야 한다는 불안과 걱정을 마음 한쪽에 늘 품고 있었다. 그러나 좋은 엄마가 아닌 것은 아이가 세 살이 되기도 전에 탄로 났다. 아이는 민감하고 예민했으며, 울고 보채는 정도가 지나쳤다. 나는 우는 아이를 돌보느라 거의 매일 뜬눈으로 지새웠다.

물론 누구도 처음부터 좋은 엄마일 수 없으며 좋은 부모가 되는 법을 알 수도 없다. 나도 예외는 아니었다. 지금도 어떤 엄마가 좋은 엄마인지 명확한 정의를 내리기가 어렵다.

그러나 내가 생각하는 좋은 엄마는 '몸도 마음도 건강한 엄마'다. 그런데 엄마들에게 좋은 엄마냐고 물어보면 좋은 엄마라고 말하는 사람이 거의 없다. 잘 키워야 한다는 불안과 자책감만 있을 뿐이다.

"내일은 더 많이 놀아줘야지."

"내일은 책을 더 많이 읽어줘야지."

"좋은 엄마가 되려고 웃으며 참을 인을 마음에 새겨요."

"하루에 몇 번씩 큰 소리가 나오는 것을 꾹 참아요."

"화내고 소리 지르지 않으려고 노력해요."

"늘 힘들고 피곤하다고 제대로 못 해주었네."

좋은 엄마가 되는 답안지라도 있었으면 좋겠다면서 눈물을 흘리는 엄마도 있었다. 이렇듯 아이를 잘 키우려는 것은 모든 부모의 열망이고 삶의 이유다. 그렇다고 아이를 위해 무조건 희생하고 헌신하는 엄마만이 좋은 엄마는 아니다.

직장생활을 한다고 나쁜 엄마이고 가정에서 아이만 돌본다고 좋은 엄마인 것도 아닐 터다. 그렇다면 어떤 엄마가 좋은 엄마인가? 잘 모르겠다면 반대로 나쁜 엄마의 예를 생각해보자.

'다 너를 위해서 그러는 거야'라는 병

나쁜 엄마는 너무 완벽해서 너무 잘하려고 하는 엄마다. 이런 엄마는 아이에게도 완벽을 요구한다. '다 너를 위해서 그러는 거야'라고 하면서.

완벽한 엄마는 아이를 잘 가르치려 하고 비판적이기 때문에 아이는 늘 초조해하고 긴장한다. 그렇게 하면 자신이 한 행동에 대해서도 확신이 없어 어떤 과업도 시도조차 하지 않으려고 한다.

완벽한 엄마는 아이가 독립해야 한다고 말하면서 실상은 아이의 독립을 원하지 않는다. 이는 아이를 믿지 못한다는 증거다. 그렇게 되면 아이는 엄마에게 의존하는 것은 물론이고 심리적으로도 떨어지지 않으려고 한다.

아이는 엄마에게 집착하고 엄마 또한 아이를 품에서 내놓기를 꺼리며 아이를 통제하고 조종하려는 속마음이 있다. 이런 완벽한 엄마의 아이는 자신이 해야 할 것을 스스로 결정하지 못하는 결정 장애를 겪기도 한다. 이 얼마나 무서운 결과인가?

완벽한 엄마 외에 결정 장애를 가져오는 또 다른 예는 엄마의 통제와 간섭이 심한 경우다. 즉 어떤 문제를 해결할 때 엄마는 아이가 미성숙하기 때문에 자신이 가장 좋은 방법을 알고 있다는 착각으로 아이에게 이유를 설명하지 않고 무조건 따르라고 강요한다. 이럴 경우 엄마는 암묵적으로 '엄마가 원하는 대로 행동해'라는 메시지를 보내게 된다. 그렇게 되면 아이는 자기 결정에 대해 스스로 생각해보고 책임을 배울 기회를 갖지 못한다.

지나치게 통제하는 엄마는 아이를 조건적으로 사랑하는 경향이 있다. 엄마가 요구하거나 원하는 무엇인가를 했을 때만 칭찬하고 사랑한다고 말한다. 그러나 그렇지 못할 때는 관심과 사랑을 주지 않는다. 그러면 아이는 엄마 사랑을 받기 위해 최선을 다해 무엇인가를 하려고 한다.

이렇게 통제적인 엄마 아래서 자란 아이는 가정에서는 엄마 말을 잘 듣는 착한 아이가 되나 유치원에 오면 반항적이고 공격적이 되어 친구 관계에 어려움을 겪는다.

특히 나쁜 부모의 행동방식은 치명적이다. 이 시기 아이들은 유의미한 타인의 모든 행동을 스펀지가 물을 흡수하듯 빨아들인다. 좋은 것과 나쁜 것을 구별하지 않는다. 따라서 주의해야 한다. 어른의 말투, 행동, 눈빛 등 모든 행동방식을 모방하며 자기 행동방식으로 습관화한다.

따라서 부모나 교사는 아이들에게 건강한 습관이 몸에 배게 해야한다. 즉 아이의 표정과 말투, 몸놀림은 엄마의 표정, 말투, 몸놀림이다. 정확하게 말하면 부모의 복사본이다. 이것이 곧 부모가 건강한 삶을 살아야 하는 이유다. 아이는 그대로 모방하니까 말이다.

세상의 모든 부모는 자녀들이 잘되기를 바라고 늘 최고의 것들을 해주면서 좋은 부모가 되려고 노력한다. 그러나 옛말에 과하거나 지나친 것은 부족한 것만 못 하다고 했다. 아이를 양육할 때도 너무 좋은 부모가 되려고 지나치게 애를 쓰거나 넘치면 분명 어느 한쪽이 부족하거나 아프게 된다. 예를 들어 어렸을 때 사랑받지 못한 부모가 평생 한이 되어 자기 아이에게 넘치도록 사랑을 주는 것과 같다. 차라리 부족한 것이 더 나을 수도 있다는 말이다.

위에서 나쁜 엄마의 예를 몇 가지 살펴보았다. 완벽한 엄마는 기대치가 너무 높아 통제하고 간섭하는 엄마로 조건적인 사랑을 보임으로써 아이를 힘들게 한다. 부모인 여러분은 어느 쪽인가? 부모 자신이 긍정적이고 활력이 넘치며 아이 마음을 잘 알고 이해할 뿐 아니라 자신을 건강하게 돌볼 줄 알아야 멋지고 좋은 부모가 아닐까?

소소한 일상에도 마냥 행복해하고 아이가 잘하는 것에 맞장구를 쳐주면서 감탄해주는 부모, 그런 부모를 만난다는 것은 아이에게 더할 나위 없는 축복이다. 그러나 아이에게는 좋은 부모건 나쁜 부모건 항상 옆에 있어야 할 대상임을 잊어서는 안 된다. 부모는 아이에게 세상이고 우주이기 때문이다.

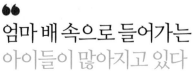

엄마 배 속으로 들어가는
아이들이 많아지고 있다

사랑한다는 확신을 받지 못하면 아이는 커다란 상실감으로 마음속 동굴, 즉 가장 편안하고 안정되고 따뜻한 엄마 배 속으로 들어가게 된다.

엄마·아빠, 나만 사랑해주세요

　하루 종일 힘든 육아에 지쳐 마음 둘 곳 없는 부모라도 아이들이 자는 모습을 보면 천사가 따로 없는 듯 하루의 피로가 싹 가시는 경험을 한다. 나 또한 첫아이가 너무 예쁘고 사랑스러워서 둘째 아이는 이 아이만큼 사랑할 수 없을 테니 낳을 수 없다고 생각한 적이 있다. 지금 생각하면 참 우습고 어리석은 생각이다. 많은 엄마가 그러하듯이 사랑은 내리사랑이니까.

　유치원에 오는 엄마들 이야기만 들어봐도 "첫아이는 의젓하고 든든하기는 하지만 예쁘고 사랑스러운 것은 막내예요"라고 한다. 엄마들이 이렇게 생각하는 것을 증명이라도 하듯 첫아이들은 남모를 사랑앓이를 하기도 한다.

첫아이다보니 잘 키우려는 욕심이 만들어낸 부모의 지나친 기대감, 동생에게 늘 양보해야 해서 느끼는 불만족감 등이 첫아이를 나약하게 만들기도 하고 욕심이 많은 아이가 되게 하기도 한다. 하지만 둘째나 셋째도 남다른 고충을 느끼며 부모를 힘들고 지치게 한다. 그중 다섯 살 유나 이야기를 해보고 싶다.

삼남매 가운데 둘째인 유나는 똑똑하고 예쁜 여자아이다. 유나가 오빠 유연이와 손을 꼭 잡고 유치원 안으로 들어오는 모습을 보면 엄마가 아니더라도 흐뭇하다. 엄마가 잘 양육한다는 생각이 들 정도로 아이들은 잘 자라고 있다. 오빠 유연이는 늘 유나를 잘 챙기고 사랑스럽게 여긴다. 유나에게 양보도 잘하고 오빠로서 유나를 지켜보는 모습이 사뭇 보호자 느낌이 들게 한다. 엄마는 직장생활을 하면서도 부모 교육에 열정적으로 참여해 아이들을 잘 보살피는 모습을 보였다.

그런데 동생이 생기고부터 유나가 변하기 시작했다. 오빠와 둘이 있을 때는 그런대로 견딜 만했는데 동생이 생기고 나니 힘든 모양이었다. 손가락을 빨거나 동생 우윳병을 몰래 빨기도 하고, 아무도 보지 않을 때 아기를 꼬집는 등의 행동을 보였다. 급기야 유치원에서도 아이가 날카롭게 반응하고 친구와 다투는 등 여러 문제행동을 보였는데 마침 엄마가 상담을 요청했다.

"원장님, 우리 유나 요즘 유치원 생활이 어떤지 궁금해요."

"무슨 일 있으신가요?"

"유나가 요즘 집에서 짜증도 심하게 부리고 애기 흉내를 내며 징징거리는데 특히 동생을 꼬집기도 해요. 유나가 갑자기 확 달라져 너무 당황스럽고 힘들어요."

유나는 대부분 아이들이 동생이 생기면 하는 일반적인 행동을 보인 것이다. 유나는 동생이 생기기 전에도 마음속으로는 '엄마·아빠는 오빠만 사랑한다'고 느꼈을 것이다. 그나마 오빠가 잘 보살펴주니 그래도 견뎠는데 느닷없이 동생까지 생기는 바람에 상실감이 더 커졌다. 그러다보니 어른들이 보기에 이상한 행동을 하는 것이다.

이런 행동은 사실 유나에게는 엄마·아빠의 사랑을 잃을까봐 걱정하는 삶의 용트림 아닌가? 그럴 때 엄마는 어떻게 해야 할까? 유나에게는 엄마·아빠의 사랑을 확실하게 느끼도록 유나만을 위한 사랑의 액션이 필요하다. 엄마·아빠에게는 오빠도 동생도 있지만 '유나 너만 사랑해'라는 확신을 심어주는 것이다. 하지만 사랑한다는 확신을 받지 못하면 유나는 더 큰 상실감으로 마음속 동굴, 즉 가장 편안하고 안정되고 따뜻한 엄마 배 속으로 들어가게 된다.

　유치원에서 그림을 그린 뒤 아이들과 눈을 맞추며 이야기를 들어주는 활동은 아이들 마음 이면에 숨겨진 잠재능력은 물론 왜곡된 가치관 등 여러 가지 문제를 알아채 아이에게 도움을 줄 수 있다.

　"여기에 있는 이건 뭐야?"
　"이건 우리 엄마 괴물이에요."
　"우리 집이 폭발했는데 나만 남겨두고 다 도망갔어요."
　"아빠 나무는 나를 도와주는 나무예요."
　"나는 이웃집 이모가 좋아요."

　한 아이가 이모가 좋다며 그림마다 이모를 그려 넣어 혹시 아빠가 바람피우는 것 아닌가 의심한 적이 있다. 그런데 이웃 친구의 엄마가 부러워서 우리 엄마가 이웃집 이모 같았으면 좋겠다는 아이 말에 교사들과 한바탕 웃었다. 아이들은 아직 어려서 마음속 이야기를 논리적으로 다 꺼내놓을 수 없으니 그림으로라도 표현하게 하는 것이 좋다.

　유나는 엄마 배 속에 자신을 그려 넣고 엄마의 사랑을 받고 싶다고 했다. 그런데 유나는 동생이 생기자 엄마·아빠 사랑을 확인받고 싶어 그런 그림을 그렸지만 동생이 없는데도 엄마 배 속에 자신을 그려 넣는 아이들도 많다.

여러 가지 이유가 있겠지만 아이와 이야기를 나누어보면 아이가 엄마의 따뜻한 사랑을 그리워한다는 것을 알 수 있다. 그런데 엄마들은 아이를 정말 많이 사랑하는데 아이가 왜 그러는지 모르겠다고 말한다. 엄마들을 보면 아이가 느끼는 사랑과 엄마가 준 사랑에는 온도차가 있음을 종종 느낀다.

엄마가 옆에 있어도 엄마가 보고 싶어요

엄마들 모임에 갔을 때의 일이다. 가윤이 엄마가 호호 웃으며 "우리 가윤이는 내가 옆에 있는데도 엄마가 보고 싶다고 매달리고 제 가슴에 폭 들어와서 킁킁거리며 엄마 냄새가 좋다고 해요." 그러자 엄마들이 부러운 듯 여기저기서 좋겠다고 했다. 그러나 가윤이는 껌딱지처럼 매달리는 엄마 바라기다.

요즘 아이들은 사랑을 넉넉히 받는 듯하나 많이들 외로워한다. 도대체 무엇이 문제일까? 에리히 프롬의 『사랑의 기술』에서 힌트를 얻어본다.

"사랑은 지배하는 것이 아니라 자유를 주는 것이다. 사랑한다는 것은 관심을 갖는 것이며 존중하는 것이다. 사랑한다는 것은 책임감을 느끼는 것이며 이해하는 것이고 사랑한다는 것은 주는 것이다. 어머니는 삶에 대한 신념을 갖고 지나친 걱정을 해서는 안 되며 어머니의 걱정이 어린아이에게 전해지게 해서는 안 되고 어머니는 생애 일부를 어린이가 독립해서 마침내 그녀에게서 멀어져나가기를 바라는 소망에 바쳐야 한다.

아버지의 사랑은 원칙과 기대로 인도되어야 한다. 아버지의 사랑은 위협적이고 권위적이기보다 참을성 있고 관대해야 한다. 아버지의 사랑은 성장하는 어린이에게 능력에 대해 확신을 증대시켜야 한다."

엄마가 옆에 있어도 늘 허전하고 그리운 것은 에리히 프롬의 말처럼 진정한 자유를 누리지 못한 결과가 아닌가 생각한다. 무엇이든 엄마가 시키는 대로 해야 하고 관심을 받고 싶은데 간섭을 받으니 아이들은 가짜 사랑과 진짜 사랑을 육감적으로 구별하고 살기 위해 점점 더 진짜 사랑을 그리워하고 갈망하는 것이다.

완벽한 부모 뒤에는
거짓말하는 아이가 있다

아이 행동의 이면을 보면 주양육자의 역할이 중요함을 알 수 있다. 아이가 맘 놓고 부모와 자주 이야기를 나누는 시간이 많아야 아이는 거짓말을 하지 않아도 사랑받을 수 있다는 것을 알게 된다.

거짓말 아닌 거짓말

"내가 안 그랬어."

"친구가 깨뜨린 거야."

"우리 아이가 그럴 리 없어요."

"아이가 무슨 거짓말을 해요."

아이들과 엄마들은 이렇게 이야기한다. 엄마는 아이 거짓말에 때로는 호들갑을 떨기도 하고 때로는 방어적인 자세를 취하기도 한다. 그런데 아이들은 거짓말 아닌 거짓말을 한다.

거짓말이란 사실이 아닌 것을 사실이 아닌 줄 알면서도 사실인 것처럼 말하는 것이다. 그런데 영유아기에는 거짓말이 나쁘다는 것을 인지하지 못하고 거짓말을 하는 경우가 많다. 이는 자신을 변호하고 상황을 바꾸려는 인지적 능력이 발달하고 있다는 증거다.

예를 들어 엄마의 꾸중을 피하기 위해 자신이 유리한 대로 이야기를 꾸며내거나 엄마의 사랑과 관심을 받기 위해 거짓말이 나타난다. 갖고 싶은 것이 있거나 원하는 것이 있을 때 또는 자기 말과 행동을 합리화하기 위해 거짓말이 나타나기도 한다.

아이 속마음은 엄마가 사랑하지 않을 거라는 두려움과 불안 때문에 거짓말을 하기도 하지만 만 세 살 이후에는 자연스럽게 거짓말이 나타나기도 한다. 그렇기 때문에 아이가 거짓말을 했다고 다그치는 것은 옳지 않다.

얼마 전 동생네 집을 방문했을 때다. 조카 민희가 학교에서 오자마자 책가방을 바닥에 내팽개치고 핸드폰 게임에 몰두하고 있었다. 그러자 동생이 한마디 했다.

"이모 오셨는데 인사도 안 하니?"

"…."

"숙제는 다 했어?"

"했어요."

"그럼 가져와봐."

"몰라."

"안 했잖아. 왜 거짓말하니?"

"이 숙제 선생님이 하고 싶은 사람만 하랬어."

"뭐라고? 너 자꾸 거짓말할래?"

　동생은 어이없어 했다. 핸드폰 게임을 하는 것도 문제지만 거짓말이 자꾸 늘어가는 것 같아 걱정이라고 했다. 민희는 게임에 빠져서 그럴 수도 있지만 엄마가 몰아붙이듯 다그치니 궁지에 몰리는 상황을 모면하려고 거짓말을 하는 것일 수도 있다. 이런 경우 아이를 궁지로 몰면 몰수록 거짓말이 더 심해지는 것을 볼 수 있다.

　어른의 시각으로 보면 선의의 거짓말이든 아니든 모든 거짓말은 나쁘다. 그래서 버릇이 들지 않도록 어렸을 때 고쳐주어야 한다고 생각한다. 그러나 영유아기에 가끔 튀어나오는 아이 거짓말은 거짓말이 아닌 거짓말이므로 엄마가 슬기롭게 해결하고 대처해야 한다.

　아이가 거짓말을 할 경우 혹시 아이가 엄마 사랑을 그리워하거나 엄마 관심을 끌기 위해 거짓말을 하는 것은 아닌지 살펴보자. 아이가 엄마 관심을 끌기 위해 거짓말을 했다면 엄마가 먼저 아이에게 충분한 사랑을 주었는지 돌아보고 관심을 보여야 한다.

그런데 많은 엄마가 놓치는 것이 있다. 아이가 거짓말을 하면 대부분 큰일 난 것처럼 비난하고 몰아붙이며 훈계한다. 그렇게 해야 아이가 거짓말을 하지 않을 거라고 생각하기 때문이다. 하지만 그렇지 않다. 엄마가 화내고 추궁하며 몰아붙이면 아이는 수치심과 죄책감을 마음 한쪽에 묻어놓고 엄마 앞에서 죄인이 되어 모든 것을 멈추어버린다.

그리고 곧 화내는 엄마 눈치를 보는 아이가 만들어지고 들키면 혼날까봐 나쁜 줄 알지만 거짓말을 습관적으로 하게 된다. 엄마가 무섭기도 하지만 잘 보이고 싶기도 한 양가감정이 생기기 때문이다. 따라서 아이가 거짓말을 했을 때 마음 놓고 사실을 이야기할 수 있도록 받아주고 지지해주는 것이 좋다. 그래야 스스로 거짓말이 나쁜 거라는 것을 알아갈 수 있다.

완벽한 부모 뒤에는 거짓말하는 아이가 있다

아이가 거짓말을 하는 이유는 앞서 이야기한 대로 여러 가지가 있다. 그중에는 부모가 원인인 경우가 많다. 부모가 아이에게 기대치가 너무 높거나 인정해주지 않고 완벽을 추구할 경우 아이는 늘 긴장하고 부모 기운에 밀려 쪼그라들고 위축된다.

"너 이것밖에 못 한 거야?"

"너는 왜 늘 이 모양이니?"

"성적이 이게 뭐야?"

"다른 친구는 몇 점 받았니?"

조금 잘하면 더 잘해야지 하면서 다그치기 때문에 아이는 늘 부모 눈치를 본다. 그리고 그 상황을 모면하기 위해 반사적으로 거짓말을 하고 더 나아가 성적표를 뜯어 고치는 경우까지 발생한다.

아이가 속마음을 털어놓을 때까지 기다려야 완벽한 부모라고 할 수 있는데 거의 기다리지 못하고 화를 내며 언성을 높인다. "엄마가 거짓말하면 혼난다고 했어 안 했어?" "다 너를 위해서 그러는 거야"와 같이 먼저 아이를 몰아세운다. 완벽한 부모의 기준에 아이는 거짓말을 하면 안 되기 때문이다.

완벽한 부모는 자신이 만든 기준에 따라 아이 행동을 감시하고 지적한다. 조금이라도 자기 기준에 어긋나면 아이를 몰아세운다. 그러다보니 아이 마음을 헤아리지 못하는 경우가 많고 아이가 무엇을 원하는지도 모른다. 다만 아이에게 필요한 것만 제공할 뿐이다.

완벽한 부모는 아이에게 절대적인 영향을 미치는 사람이 바로 자신이라고 생각하고 아이와 붙어 있으려 한다. 즉 아이를 독립된 존재로 인정하지 않고 신뢰하지도 않으며 과잉보호를 하려고만 한다.

더구나 아이가 부모에게서 벗어나려 한다고 느낄 때는 불안해하고 서운해하기까지 한다. 이런 부모를 둔 경우 아이도 독립하지 않으려 하고 부모에게 의지하려는 모습을 보이면서 부모 품 안에만 있기를 원한다.

이렇듯 아이 행동의 이면을 보면 주양육자의 역할이 중요하다는 것을 알 수 있다. 부모는 아이에 대한 과도한 욕심과 기대를 조절하고 아이 상황을 잘 파악해 아이가 거짓말하는 이유가 무엇인지 잘 들어주고 이해해야 한다. 그리고 거짓말이 주는 나쁜 영향을 아이와 함께 이야기해보는 것이 좋다.

사랑도 칭찬도
집착하는 순간 병이 된다

훗날 아이가 자라서 엄마가 되고 아빠가 되었을 때 기억할 것은 내 부모에게서 나는 사랑을 많이 받았다는 것이어야 한다. 다음 세대로 사랑이 대물림되도록 말이다.

충분히 누려야 집착하지 않는다

아이를 유치원에 입학시킨 부모는 아이의 사회성이 발달했으면 하는 마음에 아이가 친구들과 잘 놀기를 바란다. 그런데 아이가 혼자 놀거나 구석에서 노는 것을 본 엄마는 혹시 우리 아이가 친구들과 어울리지 못하는 것은 아닌가? 사회성이 부족한 것은 아닌가? 걱정하면서 의구심을 갖는다. 심지어 교사에게 왜 아이가 혼자 놀도록 내버려두느냐고 하는 엄마도 있다.

물론 아이들은 유치원에서 친구들과 함께 생활하며 사회성을 배운다. 그러나 다섯 살 아이들은 대부분 구석에서 혼자 놀거나 함께 놀더라도 내가 가지고 놀던 장난감은 친구에게 양보하지 않는 경향이 있다. 즉 혼자 놀이를 하거나 친구들과 병렬식으로 놀이를 하는 것이 일반적인 특징이다. 따라서 사회성이 부족한 것 같다고 단정지을 필요가 없다. 아이가 좋아하는 장난감이나 교구를 혼자서 충분히 가지고 놀아야 친구들이 보이기 시작하고 함께 놀이를 할 수 있게 된다.

큰아이 선용이가 여덟 살 때다. 선용이는 초등학교에 들어갔는데도 물건에 대한 집착이 강해서 다른 사람과 나누는 것에 인색했다. 주위 사람들 앞에서 이런 행동을 할 때는 엄마인 내가 창피한 생각이 들 정도였다. 부족한 것 없이 키웠다고 생각했는데 선용이의 물건 집착은 사라지지 않았다.

그러다보니 친구들과 관계도 삐거덕거리고 학교 선생님의 눈총도 많이 받았다. 선용이가 왜 이런 태도를 보이는지 곰곰이 생각해보니 영유아기에 제대로 충족되지 못해서 '자기중심적 특성'이 있었던 것이다.

선용이가 교구를 가지고 놀 때 유치원 아이가 가지고 놀겠다고 하면 나는 늘 선용이에게 양보하라고 했다. 착한 선용이는 이런 내 태도에 슬픈 눈빛만 보냈지 반항하지는 않았다. 나는 영유아기 발달 과정은 알았지만 선용이 마음은 헤아리지 못한 나쁜 엄마였다.

그러다보니 선용이는 '내 것의 충분함'을 경험하지 못했으며 어린 나이에 엄마에 의해 '양보하는 아이'가 되었다. 그리고 자기 것에 대한 집착이 강해지고 가지고 싶은 것은 가져야 하는 독선적인 아이가 되었다.

성인이 된 선용이에게 이런 어린 시절 이야기를 하면 '자신은 항상 뒷전'이었고 친구들에게 엄마를 '빼앗겼다'고 생각했기 때문에 너무 외로웠다고 했다. 그리고 엄마는 '늘 그랬잖아'라고 퉁명스럽게 말하며 눈물짓는다. 물건뿐만 아니라 엄마를 나누어야 하는 너무나 큰 상처를 자식에게 안겨준 나는 지금도 후회한다.

영유아기, 특히 다섯 살이 안 된 영유아기는 모든 것이 내 것인 시기다. 이때는 자기 것으로 만족할 때까지 충분히 놀아야 친구에게 나누어줄 수 있고, 그래야 내 것과 남의 것을 구별하는 경계를 알게 된다는 것을 기억하기 바란다.

특히 형제간에 쟁탈전이 있을 수 있는 엄마를 나누는 일은 없기를 바란다. 개별적으로 충분히 엄마의 사랑을 충족받아야 한다는 말이다. 엄마를 독차지하고 장난감을 나누지 못하는 것은 결코 아이가 욕심이 많아서가 아니라 자기중심적 특성이 있는 시기에 충족이 모자랐기 때문이다. 혼자 누릴 수 있는 것은 충분히 누리도록 해주어야 집착하지 않는다.

뮤리엘 제임스와 도로시 종그워드가 지은 『아이는 성공하기 위해 태어난다』를 보면 접촉과 인정에 대한 허기에 대해 다음과 같이 말했다.

"접촉과 인정에 대한 허기는 쓰다듬기에 의해 충족되는데 모든 인간은 탄생에서 죽음에 이르기까지 누군가 만져주기를 바라고 타인으로부터 인정받고 싶어 하며 무엇인가 하며 시간을 보내려는 욕구가 있다. 이 생리적·심리적 욕구를 허기라고 이름 지었다.

쓰다듬기는 신체적인 접촉일 수도 있고 눈길, 말, 몸짓이나 '네가 어떠하다는 것을 안다'라는 뜻이 담긴 모든 행위와 같이 상징적인 형태를 취하기도 한다. 인간의 쓰다듬기에 대한 허기는 종종 그들이 시간을 어떻게 보내느냐를 결정한다. 예를 들어 인간은 쓰다듬기를 경험하기 위해 다양한 방법으로 매분, 매시간 일생을 보내고 때로는 심리적 게임을 하기도 한다. 그들은 또 부정적인 쓰다듬기를 피하기 위해 일생을 회피하기도 한다."

이처럼 누구나 사랑과 인정을 충분히 받지 못하면 매시간이 힘들 수 있을뿐더러 평생 사랑을 집착하면서 자기 존재를 드러내기 위해 여러 가지 방법을 동원해 사랑을 구걸하는 힘겨운 삶을 살게 된다. 따라서 아이와 함께하는 시간을 많이 만들기를 권한다. 함께 시간을 보내지 않는다면 아이는 부모 사랑을 믿지 않을 수 있다.

동생이 생기면서 사랑앓이를 하는 수진이가 있다. 수진이는 똑똑하고 야무지지만 욕심도 지나치게 많아 스스로 마음에 상처를 낸다. 더군다나 엄마를 독차지하려 하거나 엄마 손을 놓지 않으려고 발버둥치는데 유치원 생활에서도 교사의 인정과 칭찬을 받으려고 안간힘을 쓴다. 밥도 1등으로 먹고 "다 먹었어요" 하고 그림을 그릴 때도 아주 열심히 해서 금세 "다 그렸어요" 한다.

수진이를 보면 교사의 인정과 사랑을 받으려고 몸부림치고 있다는 것이 확연히 드러난다. 특히 교사로부터 친구가 칭찬을 들으면 속상해하고 교사가 보지 않는 곳에서 그 친구를 괴롭히기까지 하면서 선생님이 나만 미워한다고 억울해한다. 여기에는 수진이의 숨겨진 불안이 동반되고 있음을 알아채야 한다.

수진이는 동생이 생기면서 덜 채워진 욕구, 즉 관심과 사랑을 비롯한 함께하는 시간을 충족하기 위해 여러 가지 방법으로 허기를 채우려 안간힘을 쓰면서 자기 존재를 확인하고 드러낸다. 이때는 부모뿐 아니라 여러 사람에게서 많은 양의 인정을 충분히 받아야 안정감을 느낀다. 이렇게 수진이를 인정해주는 사회적 쓰다듬기는 두뇌를 잘 발달하게 할 뿐 아니라 유쾌하고 활기찬 아이가 되게 한다.

인생에서 중요한 시기 중 하나가 영유아기다. 영유아기는 이후 삶의 기초가 되는 시기로 영유아기의 건강하고 행복한 경험은 모든 발달의 초석이 된다.

따라서 부모가 보이는 여러 가지 행동이나 태도는 아이 마음에 지워지지 않는 흔적으로 남는다. 이 흔적은 때때로 긍정적이기도 하지만 때때로 부정적이기도 하다. 특히 부모가 서로를 대하는 방식이나 자신에게 대했던 방식은 의식적이든 무의식적이든 그대로 자기 삶에 적용한다.

물론 인생의 그래프에서 시기마다 중요하고 의미가 있지만 특히 영유아기는 전생애 발달 시기 중 가장 중요하다. 영유아기에 만들어진 사랑의 방식이나 흔적이 계속 남은 인생에 영향을 미치기 때문이다. 따라서 사랑과 따뜻한 보살핌으로 가득 채워진 양육방식은 부모가 아이에게 줄 수 있는 최고 선물이다.

훗날 아이가 자라서 엄마가 되고 아빠가 되었을 때 기억할 것은 사랑을 많이 받았다는 것이어야 하지 않을까? 아이들은 부모의 가장 좋은 선물이요, 다음 세대로 사랑이 이어지는 역사의 물줄기다.

우리는 아이를 잘 키우는 방법을 많이 알고 있으며 관련 정보는
여기저기서 쉽게 얻을 수 있기 때문에 몰라서 못하는 경우는 드물다.
또 대부분 큰 욕심을 내기 때문에 금세 느슨해지고 무뎌지는 것뿐이다.
따라서 아주 작고 소소한 것에서부터 꾸준히 실천하고 행동하는 것이 중요하다.
세상은 빠르게 변한다. 아이와 함께 추구하고 바라보는 가치 있는 삶,
그 과정 속에서 아이와 함께할 수 있는 삶이라면 멋지지 않은가?

4장

부모의 1%만 바뀌어도
아이 인생이 달라진다

❝ 현명한 부모는
1%가 다르다
❞

부모의 1%의 행동 변화가 아이에게 99%의 변화를 가져올 수 있다. 아이만 변하기를 바라지 말고 부모가 먼저 공부하고 성숙해지자. 그러면 자연스럽게 아이도 스스로 쑥쑥 큰다.

나는 어떤 부모인가

양말을 벗어서 빨래통에 넣지 않는 남편, 학교에 갔다 와서는 옷을 아무데나 늘어놓는 아이를 보면서 이들의 행동을 바꾸려고 무던히 애를 썼다. 그런데 도통 바뀌지 않았다. 내 잔소리만 늘어나고 목소리만 커질 뿐이었다. 이때 깨달은 것이 세상 누구도 어떤 것도 내가 바꿀 수는 없다는 것이다. 바꿀 수 있는 것은 그들이 아니라 바로 나여야 한다는 것이다.

내 마음을 바꾸고 행동하니 여러 가지 방법이 생겨나고 남편과 아이들이 조금씩 달라지는 경험을 했다. 아이들 양육 역시 같은 생각이다. 많은 부모가 미성숙한 아이들을 보면서 고치고 가르쳐야 한다고 생각하는데 이는 아이 생각을 고려하지 못한 치명적인 오류일 뿐이다.

현명한 부모는 자신부터 되돌아보고 변화하려고 노력한다. 특히 아이가 행복하냐에 초점을 맞춘다. 아이들의 소소하고 평범한 일상이 무엇보다 중요하다는 것을 알고 일상적인 삶에 관심을 갖고 함께 참여한다. 그러나 안타깝게도 자신들의 관점으로 아이를 판단하고 좋은 것과 비싼 것을 사주어 아이 기를 살리려는 부모들이 있다.

이들은 변하려고 하지 않으며 현명해지려고도 하지 않는다. 내 아이를 옆집 아이와 비교해 굴욕감을 주고 비난하기도 하며 충고를 귀담아듣지도 않는다. 이런 부모들을 나는 사랑이 없는 무지한 부모라고 지칭한다.

무지한 부모의 자녀들은 공부는 잘하지만 부모와의 관계는 좋지 않으며 스트레스도 많다. 이런 아이들은 부모의 강요로 억지로 공부한다. 공부를 왜 해야 하는지 몰라 차츰차츰 성적이 떨어진다. 그러다보니 흥미도 없고 삶에 대한 의욕도 떨어진다. 가장 중요한 것은 부모가 관리해주지 않으면 혼자서는 문제를 해결하지 못한다는 것이다.

반대로 현명한 부모의 자녀들은 일상이 건강하기 때문에 여유롭고 평온한 삶을 유지한다. 공부를 잘하기 위해 따로 사교육을 받지 않아도 자기 주도적으로 공부할 줄 안다. 호기심이 살아 있고 진정하고 싶은 공부를 하기에 아이들은 점점 잘 성장하고 낙관적이며 긍정적인 삶의 자세를 유지한다. 이들 뒤에는 늘 지지하고 격려하면서 기다려주는 현명한 부모가 있다.

우리는 과연 어떤 부모가 되어야겠는가? 신중하게 선택하자. 현명한 부모인가? 아니면 무지한 부모인가? 덧붙이면 편견과 자만에 뒤덮인 무지한 부모는 결코 아이의 큰 꿈을 이해하지 못한다는 것이다. 자, 선택은 부모의 몫이다.

현명한 부모의 비밀스러운 양육설명서

우리가 흔히 알기는 하지만 사용하지 않는 것이 차이를 가져온다. 이들은 아이를 정서적으로 올바르게 키우기 위해 노력하는데, 중요한 것은 아이와 늘 연결 상태를 유지하고 식사나 놀이를 함께할 때와 같은 순간을 이용해 함께 살아가는 방법을 알려준다는 사실이다. 특히 자기 시간을 기꺼이 아이에게 내준다는 점을 명심하자. 다음은 현명한 부모들이 일상에서 꾸준히 자연스럽게 사용하는 양육방법이다.

1. 공부하라는 말을 하지 않는다

현명한 부모는 아이가 아주 어릴 때부터 공부를 가르치려 하거나 강요하지 않는다. 아이와 함께 재미있는 시간을 보내며 아이들이 호기심을 가질 수 있도록 많은 경험을 제공한다. 이자베 미뇨스 마르띵스의 그림책 『내가 태어났을 때』에 나오는 글처럼, 바람에 흔들리는 나뭇잎을 볼 수 있게 하고 '팔랑' 하며 나뭇잎이 떨어지는 소리를 들을 수 있게도 한다. 하찮은 돌멩이라도 다 다르다. 각양각색의 나무와 풀이 존재하고 저마다 색깔이 있다는 것 등 수없이 많은 경험이 아이들 뇌 활동에 중요하다는 것을 벌써 알고 느끼게 해준다.

2. 기다릴 줄 아는 부모가 된다

한국 사람의 특징 중 하나가 '빨리빨리'다. 양육에서도 자녀들이 또래보다 빨리 잘했으면 하고 잔소리를 많이 하는데 이는 자녀 양육에서는 '독'이다. 아이가 스스로 생각하고 이해하고 선택할 때까지 잔소리 없이 기다려주는 것이 중요하다. 많은 부모가 조급함에 아이들을 자신이 원하는 대로 끌고 가려 하는데, 이때 아이는 끌려가지 않으려 몸부림치거나 반항하는 등 부모를 더 힘들게 한다. 더러는 포기하고 부모의 이끌림에 따라가기도 하지만 거기에는 좌절과 포기라고 하는 커다란 대가가 있다. 그러니 아이의 특별함에 부모는 진지하게 기다려주는 용기를 가지는 것이 필요하다.

3. 독립적으로 키운다

공부를 잘하는 아이들은 자기 주도적이다. 모든 일을 스스로 할 수 있도록 기본생활 습관이 어려서부터 몸에 배인 아이들이다. 어릴 적부터 자기 주도적 학습 계획표까지 도와주는 부모들이 많다. 이는 아이를 무시하는 행동이다. 아이는 이미 스스로 할 수 있도록 뇌가 프로그램되어 있다.

이를 무시하고 부모가 모든 것을 다 해준다면 아이는 주인으로서 자기 삶을 포기하게 된다. 언제까지 부모의 그늘 아래 화초처럼 자라게 할까? 눈, 비, 바람도 맞아보고 폭풍우에 꺾여도 보며 자생력을 길러야 튼튼한 거목이 된다. 그래야 숲을 이룬다.

4. 가족과 끊임없이 대화한다

행복한 가정에서는 소소한 이야기가 넘쳐난다. 아이 이야기를 들어주는 가족 간의 다정다감함은 영유아기부터 꼭 경험하고 습관이 되어 다음 세대로까지 이어져야 한다. 가족 간 대화는 특히 사회생활의 많은 요소를 제공하므로 공통의 취

미나 그밖에 사소한 것도 마음 터놓고 대화하는 가족이 되어 보자. 특히 어려운 일이 닥쳤을 때도 마음 놓고 부모에게 요청할 수 있도록 자녀에게 많은 시간과 정성을 쏟는 부모가 최고의 부모다.

5. 선생님과 좋은 사이를 유지한다

영유아기 선생님은 아이에게 엄마 다음으로 의미 있는 사람이다. 좋은 선생님은 여러 가지 좋은 환경 중 제1의 조건이다. 따라서 좋은 선생님을 만나는 것은 행운이다. 그만큼 선생님의 영향력이 크다는 말이다. 좋은 선생님은 부모의 신뢰에서 온다. 선생님도 사람이기 때문에 금세 지치기도 하고 실수를 할 수도 있다. 이때 부모는 너무 질책하지 말고 든든한 지지자가 되어야 한다.

부모의 지지와 존중 없이 좋은 선생님을 만나기 힘들다는 것을 알고 마음으로 응원하고 좋은 사이를 유지하는 것이 좋다. 그런 환경에서 우리 아이의 관계와 믿음은 저절로 자란다.

6. 자긍심을 키워준다

스스로 긍지를 가지는 마음은 세상을 행복하게 살아가는 윤활유다. 자긍심이 있는 아이는 자신감과 활력이 넘친다. 아이가 자긍심을 가지게 하려면 어릴 때부터 사소한 일이라도 존중해주고 축하해주는 것이 좋다. 그렇게 되면 아이는 자신감을 가지게 되고 목표를 세워 도전하는 능력이 생긴다. 아이가 어떤 것을 해냈을 때는 칭찬과 격려를 많이 해주자.

7. 아이와 함께 놀아준다

영유아기에 부모와 함께 맘껏 놀이를 한다는 것은 아이에게 최고의 선물이다. 깔깔거리며 뒹굴고 노는 것은 정서의 뿌리를 튼튼하게 할뿐더러 아이를 이해하고 알아가는 기회가 된다. 아이와 잘 소통하고 싶은가? 그렇다면 집안일 몇 가지는 잊고 시간을 내서 아이의 세계 속으로 들어가보자.

이렇듯 사소하다고 생각하고 누구나 할 수 있는 쉬운 것들로 부모가 1%만 바뀌어도 아이에게 99%의 변화를 가져올 수 있다. 아이만 변하기를 바라지 말고 부모가 먼저 공부하고 성숙해지자. 그러면 아이도 자연스럽게 스스로 쑥쑥 큰다.

부모가 하는 말은
예언을 담고 있다

부모가 하는 말이 아이 삶을 주관한다. 아이를 기운차게 할 사랑의 언어를 늘 준비하자. 다른 사람이 있는 곳에서 칭찬으로 사용해보자. 그렇게 하면 그 힘은 배가될 것이다.

만트라, 주문을 외워보자

시인 류시화의 『좋은지 나쁜지 누가 아는가』에 재미있는 구절이 있다. 한 여성이 음식을 먹기 전에 맛있어져라, 맛있어져라 하고 주문을 외우고 집에서 음식을 만들 때도 그 주문을 외운다고 했다. 그렇게 한다고 맛없는 음식이 정말로 맛있어지냐고 묻자 그는 "그럼요. 이건 강력한 만트라예요!" 하고 말했다고 한다.

그런데 콜카타에서 만난 젊은 여행자는 문장마다 '끔찍한'이라는 단어를 사용했다고 한다. 그는 방문한 장소들에서 연이어 '끔찍한 사건'을 겪은 듯했다. '끔찍한 야간열차'를 탔고 '끔찍한 여인숙'에 묵었으며 '끔찍한 맛이 나는 라씨'를 마셨다. 심지어 '끔찍한 소똥' 을 밟고 힌두 사원에서 '끔찍한 모습을 한 신'과 대면하기까지 했다. 그리고 자기 경험을 강조하기 위해 계속 '끔찍한 표정'을 지어 보였다. 류시화 시인의 말에 따르면 이는 일종의 생존전략이고 자기최면은 삶의 결정적 요소라고 한다.

산스크리트어에서 '만트라'의 '만'은 '마음'을 뜻하고 '트라'는 '도구'라고 한다. 그러니 문자 그대로 번역하면 '마음도구'가 된다. 특정한 음절이나 단어, 문장을 반복하면 강력한 파동이 생겨 마음이 초능력에 가까운 힘을 갖게 된다는 것이 만트라의 원리다.

나는 어릴 적부터 힘든 일이나 이루어야 할 일이 있으면 입버릇처럼 '좋은 일이 생길 거야' '다 잘될 거야'라고 '만트라'인 줄도 모르고 마음속으로 만트라 주문을 말했다. 더군다나 마음속으로 말한 것을 그림 그리듯 상상하기까지 했다. 아이를 양육할 때도, 유치원을 운영할 때도 마찬가지였다.

그러면 거의 마음속 주문대로 이루어지는 것을 느꼈기에 말이 가지는 힘의 중요성을 간과하지 않았다. 나는 유치원 부모들에게도 엄마·아빠가 하는 말의 중요성을 늘 이야기했다. '말이 씨가 된다'는 우리 속담과 그 맥을 같이한다. 이는 지금도 마찬가지다.

얼마 전 부모 교육 시간에 학부모들과 자신들이 쓰는 언어를 분석해보았다. 부모들이 많이 쓰는 단어들은 "짜증나, 피곤해, 공부해 (숙제해), 핸드폰 좀 그만해, 빨리빨리해, 바보 같으니라고, 안 돼, 어서 자, 시끄러워, 밥 먹어" 등이었다. 이중 엄마들이 제일 많이 하는 말은 "짜증나"였다.

그런데 아이들에게 엄마가 가장 많이 하는 말이 뭐냐고 물어보니 많은 아이가 "안 돼"라고 대답했다. 또다시 아이들에게 그럼 "엄마에게서 어떤 말을 듣고 싶어?" 하고 물었더니 "사랑해, 최고야, 대단해, 잘했어." 이런 말을 듣고 싶다고 했다.

이렇듯 아이들이 듣고 싶어하는 말과 엄마들이 하는 말은 많이 달랐다. 왜 엄마들은 아이들이 듣고 싶어하는 말을 해주지 못할까? 삶이 고단하고 힘들어서 그럴까? 그렇더라도 아이를 양육하는 엄마는 아이를 살리는 생명의 말을 해야 하지 않을까?

이렇게 일상생활에서 많이 쓰는 단어를 분석해보면 그 사람의 생각, 생활방식, 태도, 가치관 등을 알 수 있다. 부모들은 이런 말들이 아이들에게 미치는 영향력이 거의 폭발적이라는 사실을 염두에 두고 언어생활을 했으면 좋겠다.

말에는 힘이 있다. 그렇기 때문에 특히 부모가 하는 말은 아름답고 선해야 한다. 부모가 하는 말은 자신이 가장 먼저 들을뿐더러 특히 자기 삶뿐만 아니라 아이 삶에까지도 영향을 미쳐, 말 그대로 이끌어주는 마법이 된다. 이왕이면 부정적인 말보다 축복의 말을 건

네는 것이 얼마나 바람직한가!

말은 인격이고 삶이다. 엄마의 인격적인 말을 들으며 자란 아이가 인격을 갖춘 아이로 성장한다는 것은 자명한 일이다.

앤드류 뉴버그가 『단어가 뇌를 바꾼다』에서 "단 하나의 단어일지라도 신체적·감정적 스트레스를 통제하는 유전자에 영향을 미친다. 그래서 사랑과 평화라는 말을 하는 것만으로도 뇌기능이 변한다"라고 설명했듯이 아름다운 말을 사용해야 한다.

여러분의 만트라는 무엇인가? 엄마인 자기 삶에도 적용해보고 아이에게도 적용해보자.

할머니 예언이 내 꿈이 되었다

할머니들이 어린 손자들을 보고 "장군감이네, 대통령감이야, 의사가 될 거야"라고 말씀하시는 것을 자주 보았다. 나 역시 어릴 적 "착하다, 선생님이 될 거야"라는 소리를 들으며 자랐다. 그래서 내 꿈은 당연히 선생님이었고 선생님이 되었다. 나뿐만 아니라 아이들의 꿈은 어릴 적 부모에게서 들은 그대로인 경우가 많다.

지인 가운데 의사 선생님이 있다. 그분 역시 할머니 영향이 컸다고 한다. 할머니께서 여러 사람 앞에서 자랑삼아 "우리 집안에서 의사가 될 손주입니다"라고 말씀하시면서 머리를 쓰다듬어주셨기 때문에 의사가 될 수 있었다는 것이다. 이는 부모의 말이 강력한 예언이 된다는 증거다. 그러니 늘 축복의 말을 준비해 아이에게 해주자. 그러면 아이는 그 바람대로 자랄 것이다. 위의 사례와는 결이 다르지만 부모 말이 삶에 영향을 미친 사례가 또 있다.

학부모 가운데 아주 깔끔하고 청결을 우선시하는 정훈이 엄마가 있다. 정훈이 엄마는 지나칠 정도로 깔끔해서 밖에 나갔다가 집에 들어오면 청소부터 시작한다고 했다. 집이 조금이라도 흐트러져 있거나 먼지가 있으면 불안해서 조급해진다고도 했다. 아이들도 지나칠 정도로 씻기고 깨끗한 것을 강조했다.

그래서 하루는 왜 그렇게 청결을 강조하느냐고 물었더니 어릴 적 아빠가 늘 '깨끗해야 한다'며 청소하고 씻는 것을 강조해서 그것이 아이에게도 또 자기 삶에도 강박으로 이어졌다고 했다. 이처럼 부모의 가치관과 언어는 다음 세대로 자연스럽게 이어진다.

마법의 단어를 사용해보자

아이를 신명나게 하고 성장하게 하는 마법의 말에는 어떤 것이 있을까? 그것은 바로 우리 아이가 넘치도록 들어야 하는 말, "너를 사랑해!"다. 아이들은 부모의 충분한 사랑 가운데 있을 때 정서적으로 안정되고 자기가 중요한 존재라고 여기며 잘 자란다. 왜냐하면 사랑받고 싶은 욕구는 인간이 가지는 가장 근본적인 욕구이기 때문이다. 그러나 이러한 욕구를 어떻게 채워주어야 할지 모르는 부모가 제법 많은 것도 사실이다.

부모가 바라는 것과 아이가 원하는 것을 구분하지 못하고 아이를 몰아가는 경우가 많다. 그럴 때는 명령하지 말고 부탁해보자. "놀았으면 장난감 치워"가 아니라 "다 놀았으면 장난감을 예쁘게 정리해줄래?"라고 말한다면, 아이는 사랑받는다고 느끼기 때문에 '엄마를 기쁘게 해줘야지' 하면서 장난감을 잘 정리할 것이다.

부모가 아이에게 부탁한다는 것은 아이를 존중한다는 것이고 능력을 인정한다는 것이다. 그러니 부모가 바라는 것이 있다면 명령하지 말고 부탁해보는 것도 좋은 방법이다. 부모가 하는 말이 아이 삶을 주관한다고 해도 지나친 말은 아니다. 지금부터 아이를 기운차게 할 사랑의 언어를 늘 준비하자. 그리고 다른 사람이 있는 곳에서 칭찬으로 사용해보자. 그렇게 되면 그 힘은 배가될 것이다.

칭찬하는 방법을 바꾸면
아이가 달라진다

"네가 원하면 엄마·아빠는 최선을 다해 도울게." 이런 말은 아이에게 용기를 준다. 칭찬은 양육의 강력한 도구다. 아이는 부모의 격려가 듬뿍 들어 있는 칭찬을 기다리고 있다는 것을 기억하자.

나는 아이에게 칭찬받는 부모인가

칭찬은 부모가 아이에게 하는 것이지 부모인 내가 아이에게 칭찬받는다는 생각은 해보지 않았다. 그런데 아이에게서 칭찬받지 못하는 부모라면 과연 양육을 잘하는 것일까? 내 삶은 칭찬받는 삶인가? 하는 의문이 생겨났다. 칭찬은 사람을 기분 좋게 한다. 나 또한 지나치지만 않는다면 칭찬을 좋아한다.

한때 『칭찬은 고래도 춤추게 한다』는 책이 이슈가 된 적이 있다. 지금도 이 책은 칭찬의 힘이 대단하다는 것을 증명해준다. 그래서 흔히 "잘했어" "똑똑하구나" "예쁘다" 같은 칭찬의 말을 많이 하게 된다. 나도 아이들을 만나면 습관적으로 "어머 예쁘다" "멋진데" 하고 아이들을 치켜세운다. 그러면 아이들은 나에게 예쁘다는 말을 들으려고 내 주위를 왔다갔다한다.

그런데 무심코 내가 지나치면 아이들은 서운해하고 원장선생님이 자기는 예뻐하지 않는다고 한다. 이런 상황이 계속되다보니 아이들은 내 시선을 끌고 예쁘다는 소리를 들으려고 예쁜 핀을 꽂고 와서 자랑하기도 하고 새 신발을 신고 왔다고 발을 쭉 내밀어 보여주기도 한다. 그런 모습이 귀엽고 예쁜 풍경이기는 하지만 다시 한번 생각해볼 문제다.

"원장선생님, 오늘 특히 더 예뻐 보이고 옷도 잘 어울리세요."

이렇게 칭찬으로 하는 인사말을 들으면 기분도 좋아지고 마음에 좋은 감정이 가득 채워져서 한결 관계가 돈독해지고 부드러워지는 경험을 한다. 이렇게 누구나 칭찬을 받으면 기분이 좋다. 그러나 좋은 기분이 오랫동안 유지되거나 일의 성과를 높이는 의욕으로 이어지기에는 효과가 별로 없다.

"원장선생님, 오늘 강의에서 해주신 말씀에 감동을 받았습니다."
이런 말을 학부모에게서 들었을 때는 다르다. 이때는 내 능력에 대한 확신이 생기고 더 좋은 강의를 준비하기 위해 온 힘을 다한다.

칭찬은 삶에 활력이 될 뿐 아니라 내 능력에 대한 확신이 생기게 해준다. 그런데 아이들 역시 칭찬을 받으면 우쭐해하면서 자신감으로 이어지기도 하고 누군가의 칭찬에 보답하기 위해 스스로 행동을 조절해 긍정적인 행동을 하기도 한다. 그러나 "참 똑똑하네" "멋지다" "예쁘다" 같은 칭찬은 들으면 당장 기분은 좋지만 어떤 과제를 수행할 때 아이들 열정을 끌어올리는 데는 효과가 별로 없다.

물론 어느 상황에서 합당한 칭찬이나 존중을 받으면 좋지만 가볍게 지나가는 이런 칭찬조차 받지 못한다면 아이 삶의 여러 상황에서 마음이 고립되어 적절하지 못한 행동을 할 수 있다. 왜냐하면 누구나 마음속 깊은 곳에는 칭찬받고자 하는 욕구가 있는데 아이들은 더욱 그렇기 때문이다.

칭찬하는 방법을 바꾸자

1. 동기부여를 할 수 있도록 칭찬하자

아이들 삶에서 중요한 것은 하고자 하는 의욕이다. 공부를 잘하고 싶어도 공부할 의욕이 없다면 억지로 공부를 시켜도 잘할 수 없다. 어떻게 보면 칭찬하기는 쉽고 간단해보일 수 있지만 효과적으로 칭찬하기는 어렵다.

이때 칭찬을 통해 공부할 수 있도록 동기부여를 해주는 것이 좋다. 공부를 왜 해야 하는지, 왜 중요한지 등과 관련해 스스로 공부할 때 인정해주고 공부를 잘하려는 노력을 할 때 부모가 알아주고 공감해주는 것이 좋다. 그렇지 않다면 점점 의욕을 잃게 되고 마침내 공부를 포기하는 지경에까지 이를 수 있다.

2. 개별적으로 칭찬해주자

초보 교사였을 때 "선생님은 나비반 사랑해요"라고 전체를 포괄적으로 칭찬했다. 그런데 그 효과가 며칠 지나지 않아 없어진 것을 보고 의무적 칭찬이 오래 가지 않는다는 것을 깨달았다. 그래서 아이들을 한 줄로 세워놓고 한 명씩 다른 친구들이 듣지 못하도록 귓속말로 하루 있었던 일 중 가장 눈에 띄었던 장점을 찾아 칭찬해주었다.

그랬더니 금세 아이들 눈빛이 반짝거렸다. 아이마다 다르게 칭찬해야 하는 것이다. 아이는 개인적인 시간을 확보해 관심을 받았을 때 자신이 중요하다는 사실을 알게 된다. 지금 당장 아이에게 사랑의 귓엣말을 속삭여보자.

3. 아이 마음을 알아주는 칭찬의 언어를 사용하자

남편은 시댁 가족이 모두 모일 때 늘 자기가 삶에서 가장 잘한 일은 나를 만나서 결혼한 것이라고 말한다. 그러면 가족들은 박수를 치며 즐거워한다. 그런데 나는 그 말을 들을 때 얼굴은 웃지만 속으로는 화가 올라온다. 왜 그럴까? 그동안 남편이 내게 했던 행동이 내가 원하는 것이 아니었기에 공치사라고 생각하기 때문이다. 즉 얼굴을 마주 보며 이야기를 나누기를 원하는 나의 목마름이 해결되지 않았으니 달갑지 않은 것이다.

아이 역시 마찬가지다. 동생과 함께 있는 엄마를 뒤로하고 유치원에 와서 집에 있는 엄마를 생각하며 열심히 하루를 보낸 다음 집에 갔는데 엄마는 아이에게 "유치원 재미있었어?"라고 감시하듯 묻고는 "우리 아들 잘했어" 할 뿐이다. 아이가 원하는 것은 무엇일까? 엄마와 신체적인 접촉을 하는 것이다. "우리 아들 엄마도 보고 싶었어, 사랑해" 하면서 아이가 싫다고 할 때까지 마음껏 안아주는 것이다. 그때 동생을 질투했던 마음은 사라지고 우리 엄마가 진심으로 나를 사랑한다고 느끼며 안정을 찾는다.

우리는 흔히 아이 기를 세워주고 행동을 수정하기 위해 좋은 뜻으로 칭찬하지만 아이 마음을 알아주지 않는 칭찬, 즉 아이가 알아들을 수 없는 칭찬이라면 별 의미가 없다. 엄마는 아이들이 칭찬받고 싶을 때가 언제인지 아이들이 보내는 신호를 잘 알아차려야 한다.

그러면 아이에게 칭찬받는 엄마가 되는 것은 물론이고 아이와 소통이 한결 부드러워져 양육이 그다지 어렵지 않게 될 것이다. 혹시 칭찬 거리를 발견하지 못했다면 아이들의 장점이나 긍정적인 특성들을 찾아 격려해보는 것은 어떨까?

4. 구체적으로 칭찬해주자

"선생님, 정말로 대단해요. 아이들이 즐거워할 수 있는 프로그램이에요. 원장인 나보다 더 멋지게 행사를 기획했어요. 아마 선생님이 없었다면 이번 행사는 잘해내지 못했을 거예요. 정말 고마워요."

내가 행사가 끝난 뒤 원감선생님에게 해준 말이다. 이는 원감선생님으로 하여금 원장인 내가 원하는 대로 잘 기획해주었음을 알리는 동시에 성취감을 느끼게 한다. 그러면 나중에 다른 일을 할 때도 긍정적인 결과를 가져온다. 이런 행동은 그냥 "수고했어요"라고 한마디 하는 것보다 훨씬 더 효과적이다. 이밖에도 편지글이나 쪽지로 칭찬하기, 다른 사람 앞에서 공개적으로 칭찬하기 등 다양한 방법으로 칭찬할 수 있다.

아이들을 칭찬할 때도 마찬가지다. 아이 행동을 잘 관찰해 구체적으로 칭찬해주는 것이 좋다. "잘했어, 예쁘다." 이런 칭찬보다 "친구를 도와주는 모습이 멋지다" "뜀틀 넘는 모습을 보니 친구들이 부러워할 것 같은데" "웃는 모습이 참 예쁘다" 등과 같은 구체적인 칭찬은 아이들을 행동하게 하는 용기를 주고 잠재적인 능력을 발휘하게 한다. 그러니 부모는 늘 격려의 말을 준비하고 써먹을 기회를 엿보아야 한다. 칭찬할 때 특히 아이들은 말투나 몸짓 등 비언어적인 것에도 영향을 받는다는 사실을 염두에 두자.

"네가 원하면 엄마·아빠는 최선을 다해 도울 거야."

이런 말은 아이에게 용기를 준다. 용기는 가능성을 현실이 되게 만드는 원동력이다. 이제 부모 차례다. 칭찬은 양육의 강력한 도구다. 아이는 부모의 격려가 듬뿍 들어 있는 칭찬을 기다린다는 사실을 기억하자.

부모의 사랑,
소통이 되게 하라

아이 마음속에 멋진 엄마·아빠를 기억할 수 있도록 아이에게 눈을 맞추며 관심을 집중하고 온몸으로 함께 놀아주자. 이것이 영유아기 아이들에게 필요한 최고의 소통 방법이다.

함께하는 시간이 소통이다

아이들을 무척 사랑하지만 아이들과 소통이 되지 않는다면 그 사랑은 무색하다. 그만큼 관계에서 소통이 중요하다. 아이와 잘 통하려면 먼저 아이와 함께하는 시간이 보장되어야 한다. 아이와 함께하는 시간을 나누지 못하면서 소통이 잘되기를 바란다면 우물에서 숭늉 찾는 격이다. 아이와 잘 소통하고 싶은가? 그러면 먼저 아이와 함께하는 시간을 내보자.

아이와 함께하는 시간을 낸다는 것은 아이에게 온전히 관심을 집중하고 아이 삶 속으로 들어가 놀이에 집중하는 것이다. 그러면 아이 삶이 보일뿐더러 아이의 요즘 관심사가 무엇인지, 어떤 것에 흥미가 있는지 아이 마음을 알 수 있다. 즉 진정한 의미의 공감적 대화를 할 수 있다.

예를 들어 아빠가 거실에서 세 살짜리 아이와 공굴리기를 할 때 아빠의 관심은 공에 있는 것이 아니라 아이에게 있다. 그것이 얼마나 지속되는지는 상관없다. 아주 짧은 순간이라도 아이와 아빠는 함께 있는 것이다.

그런데 아빠가 전화를 받으며 공굴리기를 한다면 아빠의 관심은 아이에게 가 있지 않는 것이다. 그렇게 되면 아이는 아이대로 아빠에게 가 있지 못했기 때문에 함께 놀았다고 생각하지 않는다.

많은 부모가 늘 부족하다고 느끼면서 일방적으로 아이에게 잘해주려고 노력한다. 그러다보니 아이가 부족한 것과 결과 측면에 집중하고, 아이와 관계적인 면에 대해서는 소홀한 경우가 있다. 그러나 아이와 안정된 관계를 가지려면 아이 마음속에서 일어나는 일들을 이해하고 존중하려고 하는 공감적 경청과 대화가 필요하다. 그런데 부모가 경청을 잘 훈련받지 못한 탓에 지시와 훈계는 잘하지만 경청에 약한 것도 사실이다.

사실 경청한다는 것은 매우 어렵다. 나 또한 상대방 말을 잘 듣는 것에 서툴 때가 많다. 간혹 내가 듣고 싶은 것만 듣는 경향도 있는

데 그렇게 되면 오류가 발생하는 것은 물론 상대방과 대화는 불통되기 일쑤다.

부모의 사랑이 소통되게 하려면 반드시 경청이 필요한데 무엇보다 마음으로 듣는 것이 우선이다. 마음의 귀가 먹으면 아이 생각뿐아니라 감정도 알 수 없다. 아이 생각에 동의하지 않는다 할지라도 부모는 아이 감정을 무시하지 말고 이해해야 한다.

그러면 아이 또한 부모 말이나 요구에 귀 기울일 가능성이 높다. 그러나 함께하는 시간 나눔과 대화가 없다면 아이는 존중받지 못했다고 생각할 것이다. 양육뿐만 아니라 모든 관계에서 소통이 되게 하려면 경청하려는 노력과 훈련, 시간 나눔이 필요하다.

직장에 다니느라 아이와 함께 나누는 시간을 내지 못하는가? 할 일이 너무 많아 바쁜가? 아이들을 똑똑하게 키우기 위해, 아이들이 좋아한다는 이유로 이 학원 저 학원에 보내느라 함께할 시간이 없는가? 하루에 15분이라도 시간을 내어 아이와 이야기를 나누고 아이 말을 들어주는 시간을 가져보는 것이 좋다. 그것이 부모가 아이에게 해줄 수 있는 제1의 사랑 방법이고 소통 방법이다. 좋은 양육은 아이가 부모를 필요로 할 때 시간을 내주는 것이기 때문이다.

그런데 시간을 내었다고 해도 그 시간에 아이와 어떻게 놀아야 하는지 모르는 부모가 많다. 때로는 마지못해 의무감에서 흉내만 내기도 한다. 그러면 아이들은 금세 눈치를 채고 '엄마·아빠는 나를 좋아하지 않나봐'라고 생각한다.

아이와 진정으로 소통을 하고 사랑을 표현하고 싶다면 온 마음으로 최선을 다해 눈을 맞추고 경청하며 함께 시간을 보내야 한다. 아이는 제가 원하는 것이 충족되어야 사랑받았다고 느낀다.

소통만큼 중요한 것은 없다

누구나 살아가면서 수많은 경험을 한다. 나 또한 수없이 많은 경험을 바탕으로 현재 건강하게 지내고 있다. 물론 내 경험 중에는 좋은 기억으로 남을 만한 것도 있지만 다시는 기억하고 싶지 않아 지워버리고 싶은 것도 있다.

사실 나는 어릴 적 경험이 그다지 생각나지 않는다. 하지만 그것이 내 속에 쌓여 지금의 나를 만들었다고 생각한다. 요즘 부모들이 간과하는 것도 이런 것이다. "아이들이 어릴 적 경험을 기억할까요?" 그러면 나는 "당연히 기억합니다"라고 단호하게 말한다. 현재 모습은 어느 날 갑자기 생겨난 것이 아니기 때문이다.

나쁜 예시이기는 하지만 암에 걸렸다고 가정해보자. 암은 갑자기 생겨난 것이 아니라 예전부터 나쁜 습관이 쌓이고 쌓여 발병한다. 즉 어릴 적 순간순간의 경험이 쌓이고 쌓여 병을 만들기도 하고 멋지고 훌륭한 인생이 되기도 한다. 따라서 인생에서 '어느 날 갑자기'는 통하지 않는다. 이것이 바로 일상의 경험이 중요한 이유다.

나는 유치원을 운영하면서 여러 가지 프로그램이 아이들에게 영향을 미칠 수 있지만, 더 중요한 것이 일상의 삶이라는 것을 놓치지 않으려고 노력한다. 그래서 풍요롭고 행복한 일상을 아이들에게 준비해주는 것이 내가 제일 먼저 신경 쓰고 소중히 하는 부분이다. 내 소신이 아이들의 바른 성장을 이끌기 때문이다.

부모들은 대부분 일상의 소중함보다 더 특별한 것을 아이가 경험하기를 바란다. 하지만 일상의 소중함이 중요하기 때문에 나는 이를 알리기 위해 공들여 부모 교육을 하면서 소통한다.

부모와 아이가 함께하는 일상의 다양한 경험은 아이 삶의 원천이 된다. 특히 오감의 경험을 확보해야 하는데 이는 특별한 시간이 필요한 것이 아니라 일상에서 해결되어야 한다. 매일매일 보내는 시간이야말로 아이들이 살아 있는 삶을 보내는 소중한 시간이다.

이 작은 시간은 다시 오지 않을 소중한 순간이기 때문에 부모는 아이들에게 건강한 삶을 '본보기'로 보여주며 함께 행복한 삶을 살아야 한다. 소소한 순간이 모여 앎이 되고 생각하게 하며 적절하게 표현된다. 또 잊지 못할 추억이 되기도 하면서 한 사람의 일생이 된다. 이렇듯 일상생활이 곧 삶이다.

영유아기에 경험하는 일상생활의 모든 경험은 뇌의 작용에도 영향을 미친다. 시각, 청각, 미각, 촉각 등 여러 감각은 걸러냄 없이 그대로 흡수되어 성격이 되고 기질이 되어 삶의 방식을 만든다. 즉, 인생 전반에 영향을 미친다고 해도 지나친 말이 아니다. 따라서 아이와 함께 보내는 시간에 함께하는 행복한 경험의 중요성은 열 번을 말해도 부족하다.

아이와 같은 공간에 있다고 해서 아이와 함께한 것은 아니다. 유치원에 오는 아이 중 영주는 그림마다 "아빠가 쿨쿨 자요. 엄마도 쿨쿨 자요. 해님도 쿨쿨 자요. 나무도 쿨쿨 자요. 나도 쿨쿨 자요" 하면서 온통 잠자는 가족을 1년 내내 묘사했다. 물론 엄마·아빠가 바쁘고 힘들어서 아이와 많이 놀아주지 못한 것은 사실이다.

그런데 이렇게 아이 마음속에 온 가족이 잠에 빠져 있으면 안 되는 것 아닌가? 지금은 벌떡 일어날 시간이다. 아이가 마음속에 멋진 엄마·아빠를 기억할 수 있도록 아이와 함께 눈을 맞추고 아이에게 관심을 집중하며 온몸으로 함께 놀자. 그것이 영유아기 아이들에게 필요한 최고의 소통 방법이며 아이가 말을 하지 않아도 중요한 것을 알아챌 수 있는 능력이 된다.

66
부모의 기대수준을 허물고
기준을 세워라
99

남편은 아내를, 아내는 남편을 최고로 사랑할 이유가 있다. 행복한 부부관계는
아이 양육의 출발점이자 최고의 양육방법으로 아이가 세상을 보는 기준이 되기
때문이다.

부모의 지나치게 높은 기대수준이 아이 성장을 방해한다

  부모라면 누구나 자녀에게 거는 기대가 높다. 자신이 어렸을 때
이루지 못했던 꿈을 자녀에게 투영하기도 하고 좋은 대학이나 좋은
직장에 보내기 위해 욕심을 내기도 한다. 이런 사회현상을 반영하
듯 한때 〈SKY 캐슬〉이라는 드라마가 세간의 화제가 되기도 했다.
이처럼 자녀교육은 예나 지금이나 온 세상의 관심사다.

  유치원에 오는 아이 가운데 다섯 살인 금영이가 있다. 금영이는
늘 표정이 어둡고 피곤해 보였다. 선생님과 이야기할 때도 집중하

지 못하고 그림을 그리거나 만들기를 할 때는 안절부절못하면서 "선생님 못 해요" "안 할래요" 하며 전전긍긍하는데 그 표정은 겁에 질린 듯했다. "괜찮아, 선생님이 도와줄까?" 해도 불안한 모습을 보였다.

금영이는 성취는커녕 시도조차 못하는 아이로 유치원 생활은 거의 부적응에 가까웠다. 말을 거의 하지 않고 일부러 입을 닫아버렸다고 느낄 정도로 함구했다. 급기야 금영이의 가정에서의 생활과 부모의 양육방법이 궁금해서 엄마와 상담하게 되었다.

"어머님, 금영이가 유치원 생활을 어려워하는데 가정에서는 어떻게 지내는지 궁금합니다. 금영이가 거의 말을 하지 않아서요."

"아, 그래요? 집에서는 말을 잘하는데 이상하네요. 금영이가 그렇지 않아도 유치원에 가기 싫다고 해서 상담하려고 했어요. 집에서는 별다른 모습을 보이지 않고 하던 대로 공부도 열심히 하거든요."

"다섯 살인데 공부도 시키시나요?"

"금영이가 아기 때부터 글자에 관심을 보여서 자꾸 보여주었더니 금세 한글을 떼는 거예요. 그래서 이것저것 시켰더니 너무 재미있어 하더라고요. 혹시 영재가 아닌가 해서 영재 검사도 했는데 영재라고 하네요. 그래서 영재교육을 조금 시키고 있어요."

"조금은 얼마큼인가요?"

"유치원 다니기 전 네 살 때는 방문교육으로 한글이랑 영어를 공부했고 예체능도 해야 할 것 같아서 놀이식 음악 수업을 일주일에 한 번씩 받았어요. 다섯 살이 되어서는 유치원에 다녀야 하니까 유치원 하원하고 나서 매일 어학이랑 창의 수업을 받으러 다니고 있어요."

금영이의 똑똑한 모습을 자랑이라도 하듯 이야기하는 엄마 모습은 의기양양해 보였으나 나는 금영이가 과부하에 걸릴 수밖에 없다는 생각이 들었다. 다섯 살이면 엄마와 눈을 맞추고 이야기를 나누면서 피부접촉으로 놀이를 해야 하는데 영재라는 이유로, 또 공부를 좋아하는 것이 이유가 되어 금영이는 말을 못 하는 것이 아니라 말할 수 없는 안타까운 아이가 되었다.

유치원을 운영하다 보면 금영이 엄마뿐만 아니라 아이에게 지나치게 욕심이 많고 기대수준이 높은 엄마를 많이 만난다. 머리끝에서 발끝까지 통제하고 지시하며 기계처럼 움직이는 아이를 최고 아이라고 생각해 욕심내면서 이것저것 많이 시킨다. 아이가 잘할 것 같다고 생각하는 모양이다.

대부분 이런 아이는 자존감이 바닥으로 떨어지고 뭐를 물어도 "몰라요" "나 못해요"를 입버릇처럼 말한다. 도통 움직이려고도 하지 않고 활력이나 호기심은커녕 평범한 일상에서조차 무기력한 모습을 보인다. 그러다보니 유치원 생활은 점점 재미없다고 느끼고 부적응을 초래하기도 한다.

아이들 가운데 더러는 공격성을 나타내기도 하고 더러는 무기력한 모습을 보이기도 하는데 이것이 지나치면 몸에 여러 증상, 즉 탈모, 틱, 함구 등으로 힘든 상황을 표현한다. 그러므로 내 아이가 다른 아이보다 조금 뛰어나다고 해서 영재가 아닐까 하는 욕심으로 아이를 힘들게 해서는 안 된다. 부모의 지나친 기대수준이 욕심을 만들고 그 욕심이 아이를 건강하게 자라지 못하게 한다.

아이들은 모두 천재로 태어난다. 그런데 욕심 많은 부모를 만나 천재성을 발현하지 못하고 경쟁만 중요하게 생각하는 선생님이나 사회, 환경을 만나 천재성을 발현하지 못한다면 너무 억울하지 않은가? 기대치를 낮추고 아이 스스로 성장할 수 있다는 믿음을 가져보자. 아이는 자기 삶의 주인공으로 자신 있게 살아갈 것이다.

부모는 아이가 세상을 살아가고 세상을 보는 기준

아이를 잘 키우고 싶은 열망은 모든 부모의 소망이다. 자기들 삶 전부를 내놓는 희생을 감수하면서도 아이를 잘 키우고 싶어하는 것은 어쩌면 당연한 일이다. 그러나 아이를 잘 키우고 싶은 부모라면 꼭 알아야 할 것이 있다. 부모가 세상을 바라보는 시각과 시선에 따라 아이들 삶이 각양각색으로 달라진다는 것이다. 따라서 부모 스스로 내면을 잘 관리해야 한다. 부모는 아이가 세상을 보는 기준이다.

부모 자신이 내면이 가난하거나 풍요롭지 못하면 세상을 보는 시각도 닫혀 있고 부정적인 시각을 가질 가능성이 높다. 그렇게 되면 아이와 시선을 맞추는 것이 불가능하게 되고 자신이 보고 싶은 것만 볼 확률이 높아져 아이 또한 세상을 보고 싶은 대로 보게 되는 오류가 발생한다. 그렇게 되면 아이와 소통할 수 없게 되고 대화도 단절된다. 결국 올바른 양육과는 거리가 멀어지고 부모 스스로 인지적 감옥에 갇혀 자신만의 눈으로 세상을 보게 된다.

그렇다면 내면을 풍요롭게 하려면 어떻게 해야 할까? 자신만의 다양한 방법이 있겠지만 나는 '행복한 부부관계'라고 생각한다.

얼마 전 현주 엄마라는 분이 유치원에 왔다. 아이 상담 차 내원했지만 현주 엄마는 나를 보자마자 눈물을 흘리며 "원장님, 제 마음이 너무 아파요. 죽을 것 같아요" 하면서 자기 심정을 나에게 모두 쏟아냈다.

그동안 현주 엄마는 아이들을 잘 키우고 부부관계도 좋아서 아이들과 행복하게 살았다. 그런데 남편의 사업이 힘들어진 데다 남편 갱년기가 겹치면서 남편이 예전과 다른 모습을 보이고 예민해져 사소한 일에도 버럭 화를 낸다고 했다.

현주 엄마는 예전과 다른 남편 모습에 마음이 쓰이고 안타까웠지만 남편의 갱년기는 제대로 이해하지 못했다. 이런 생활이 반복되니 마음을 추스를 수 없었고 아이도 눈에 들어오지 않았다. 아이들도 눈치가 빨라서 이런 엄마·아빠의 눈치를 보고 불안해하며 엄마와 떨어지지 않으려고 했다.

이렇듯 부부관계는 아이 양육에서 절대적이다. 엄마·아빠의 의중과 상관없이 아이들은 자기가 느끼고 싶은 대로 느낀다. 아주 짧게라도 부부가 흔들리면 아이 마음은 절망적으로 흔들리고 마음의 충격은 무의식 속에 깊이 쌓인다.

따라서 부부관계를 잘 유지하고 좋은 부모가 되려고 노력해야 한다. 그렇지 않으면 아이들 마음에 지워지지 않는 흔적이 되어 아이가 행복한 삶을 살 수 없다. 아이들은 좋든 싫든 부모 모습을 그대로 닮기 때문이다.

행복한 부부관계는 아이 양육의 출발이자 최고의 양육방법으로 아이가 세상을 보는 기준이 된다.

아이의 변화와 성장에
너그러운 부모가 되어라

아이와 나누는 마음의 상호작용은 아이 삶을 이끌어가는 동력이 된다. 진정한 변화는 변하지 않는 것들에 있다는 사실을 기억하자. 그것 중 하나가 바로 '사랑'이다.

엄마가 먼저 성장하자

변화는 세상에 존재하는 물체의 형상, 성질 등의 특징이 달라지는 것이며, 특징이 강해지거나 약해질 수도 있고 새롭게 되는 것도 변화라고 한다.

아이들 또한 자라나는 과정에서 수없이 많은 변화와 성장 과정을 거친다. 변하지 않고 머물러 있다면 살아 있다고 할 수 없다. 아이들을 유심히 살펴보거나 아이들이 그린 그림을 보며 아이들과 이야기를 나누다 보면 스스로 성장하려는 아이들 모습이 보인다.

"나는 나무에 물을 주어요. 그러면 나무가 쑥쑥 자라요."

"이 꽃나무는 해님이 빛을 주어서 커요."

"내가 물을 주면 작은 꽃이 내일 필 거예요."

"우리 아빠도 내가 크라고 사랑해줘요."

"나도 엄마가 사랑을 주면 무럭무럭 클 거예요."

어른은 아이 성장에 믿음이 없다. 그래서 자꾸 잘 크라고 지적하고 훈계하고 가르치려고 한다. 이는 부모 자신이 스스로 신뢰하지 못하고 잘살지 못한다는 의미로 여겨진다. 부모가 현재 만족하는 삶을 살고 있다면 아이더러 이래라저래라 하지 않는다. 따라서 부모가 먼저 좋은 삶을 사는 것이 중요하다. 그래야 부모 마음이 풍요로워져 아이 변화에 너그러워지며, 아이가 서툴고 느리더라도 인정하고 믿게 된다.

그런데 부모가 '이건 이래야 해' '저건 저렇게 하는 거야'라는 식으로 고정된 생각으로 아이를 밀어붙이게 되면 부모는 마음이 편할지 모르지만 아이는 부모가 만들어놓은 틀 안에서 더는 자라지 못하게 된다.

아이 변화에 둔감한 부모도 많다. 나도 새로운 것을 받아들이고 변화하는 데 더디고 서툴다. 그러나 어느 순간 사람은 변화할 수 있다는 것을 부모 교육을 하면서 느꼈다.

혜인이 엄마는 걱정이 많고 늘 불안해한다. 아이의 모든 면을 살펴면서 의심하고 궁금해하고 "이건 왜 이래요" 하면서 끊임없이 걱정한다. 거기다가 예민하기까지 했다. 그런데 부모 교육을 하면서 변화된 자기 모습을 이렇게 고백했다.

"원장선생님, 제가 그동안 혜인이를 제 욕심을 채우는 방법으로 사랑했던 것 같아요. 제가 아이를 키우면서 왜 이렇게 화가 많이 나고 불안해했는지 모르겠어요. 아마 저 자신에 대한 신뢰가 없었던 것 같아요. 아이가 내 맘에 들지 않으면 몰아붙이고 뜯어 고치려고 수도 없이 반복했어요. 그런데 다람쥐 쳇바퀴 돌듯 매번 반복되는 일상이 짜증스럽기도 했고 우울증과 공황장애까지 왔습니다.

원장선생님이 부모 교육을 할 때 제 몸에 세포가 꿈틀거리는 것을 느꼈습니다. 원장선생님의 '엄마에게도 엄마가 필요하지요. 내가 엄마가 되어줄게요. 여러분 자녀도 따뜻한 엄마가 필요할 거예요. 따뜻한 엄마가 되어주세요'라는 말 한마디에 그동안 제 양육방법을 뒤돌아보았습니다. 선생님 말씀이 제게 큰 위로가 되었습니다."

혜인이 엄마는 자신이 변화되니 아이가 너무 행복해한다며 활짝 웃었다. 이렇듯 아이의 변화를 원한다면 엄마가 먼저 마음 상태를 변화시킬 수 있는 내적 동기가 있어야 한다. 이는 부모 교육뿐만 아니라 누군가 무심코 던지는 말 한마디로도 가능하다.

결국 아이의 변화 이야기는 아이 이야기인 동시에 엄마 이야기다. 엄마는 아이 삶에서 모든 관계의 시작이라는 것을 간과해서는 안 된다. 엄마가 먼저 성장하고 변화하려고 노력해야 한다. 특히 아이를 부모 꿈을 대신 이루어줄 존재로 여기거나 대리만족 수단으로 여겨서는 안 된다.

아이 양육은 졸업 없는 배움의 과정이다

나는 일주일에 세 번은 엄마들을 만나 아이 성장에 관해 이야기를 나누고 건강한 삶을 나누는 부모 교육을 한다. 이는 아이를 키우는 부모들을 돕는 일이기도 하지만 무엇보다 내가 배우는 삶이다. 부모 교육을 하면서 제일 많이 성장하고 배우는 사람은 결국 '나'다. 그래서 나는 더욱더 열심히 준비해 부모 교육을 하는지도 모른다.

부모 교육에 엄마들은 힘든 문제를 가득 안고 온다. 그런데 이야기를 나누다 보면 힘들었던 많은 일이 나 혼자만 겪는 것이 아니라는 것에 위로를 받는다고 한다. 이렇듯 서로 마음을 나누고 이해하고 스스로를 변화시키면서 성장해가는 것이 배움의 결과다. 늘 마음을 성장시키고 스스로 돌보아야 건강한 양육을 할 수 있다.

부모는 아이의 신체적 발육을 돕지만 마음도 성장할 수 있도록 돌보아야 한다. 마음의 작용은 신체뿐만 아니라 변화와 성장의 모든 것을 주관하기 때문이다. 마음이 쑥쑥 예쁘게 클 수 있도록 응원해주고 용기를 주는 것이 좋다.

유치원 학부모 가운데 직장에 다니느라 바빠서 아이와 시간을 함께 나누지 못해 늘 미안하다고 생각하는 인주 엄마가 있다. 인주 엄마는 바쁜 가운데 늘 인주에게 용기를 주고 힘차게 응원을 해준다. 엄마뿐 아니라 온 가족이 인주의 성장을 돕는다.

인주가 망설이거나 주저할 때 인주 엄마는 늘 "인주야, 두 주먹을 힘차게 쥐어봐. 그리고 용기를 내서 천천히 이쪽으로 걸어와봐. 엄마가 기다릴게" 하면서 인주에게 동기부여의 응원을 보낸다. 이런 사실은 인주가 가족이 자신에게 보내는 응원의 말을 그대로 친구들에게 사용하면서 알게 되었다. 내가 부모 교육을 열심히 하는 이유 역시 엄마들이 나에게 보내주는 응원의 메시지 덕분이다.

부모는 모든 관계의 시작이다

아이는 부모와 맺은 사랑의 관계를 중심으로 더 넓은 관계를 맺고 경험하면서 자란다. 인사를 안 하는 아이에게 왜 인사를 안 하느냐고 다그치기보다 엄마·아빠가 먼저 인사하는 모습을 보여주는 것이 훨씬 좋은 방법이다.

아이는 부모의 열 마디 말보다 행동을 보며 변화한다. 규칙과 규율을 가르치고 싶다면 부모가 먼저 정직하고 좋은 일상을 살아보자. 부모의 삶 전체가 아이에게 그대로 흡수되어 아이에게도 좋은 삶이 될 것이다.

더 나아가 아이와 마음의 상호작용이 일어나기를 바란다. 아이와 나누는 마음의 상호작용으로 아이는 삶을 이끌어가는 에너지를 발휘하게 된다. 진정한 변화는 변하지 않는 것들에 있다는 사실도 기억하자. 그것 중 하나가 바로 사랑이다.

양육은 생각이 아니라
좋은 기억이다

영유아기의 행복한 기억은 더 멋진 삶으로 이어지고 전두엽을 튼튼하게 한다. 기쁘고 행복한 삶을 아이와 함께 살기를 권한다. 아이가 멋진 삶을 기억하도록 말이다. 그것이 부모의 권리이자 의무다.

멍 때리는 아이들이 많은 이유

유치원 교실에 들어가면 멍한 모습으로 의욕이 없는 아이들이 있다. 교사가 재미있는 놀이를 해도 관심 없어 하고 그림책을 읽어주어도 집중하지 않는다. 초롱초롱 빛나야 하는 아이들 눈빛은 무기력으로 모든 활동에 흥미도 없어 하고 관심도 보이지 않는다. 이렇듯 생각 없이 멍한 표정을 짓는 아이들이 점점 많아지고 있다.

다섯 살 용현이는 얼굴에는 핏기가 없고 다크 서클이 눈 밑에 내려앉아 있다. 넋이 나간 듯한 표정이라 보기에도 안쓰럽다. 담임 선생님이 "용현이는 하루 종일 많은 시간 멍하게 있어요"라고 했다. 나 또한 처음에는 어린아이가 왜 저러지 하면서 많은 생각을 했다. 그런데 요즘은 용현이를 비롯해서 멍 때리는 아이를 보면 쉬는 중이구나, 힘들구나 하면서 안쓰럽게 여긴다.

멍 때리는 아이는 대개 아주 어릴 적부터 부모와 떨어져 가정탁아에 어린이집, 유치원을 다닌다. 게다가 부모가 퇴근을 늦게 하는 경우 다른 학원을 이어서 다니게 된다. 그러다보니 매사에 의욕이 없어져 재미있는 것도 없고 일상이 그저 그런 습관이 된 것이다.

용현이는 과부하에 걸려 "지루해요" "나 못해요" "하기 싫어요" "어떻게 놀아요" "그냥" "놀아줘" 하면서 투덜거리고 무력감을 나타낸다. 가정으로 귀가하면 짜증을 부리며 엄마를 힘들게 한다. 엄마는 아이에게 충분한 시간을 내주지 못한 미안함에 아이의 요구(핸드폰 게임)와 투정을 다 받아주게 된다. 그러면 아이는 점점 제 멋대로 하는 버릇없는 아이가 된다. 안타깝게도 이런 상황은 악순환된다.

이렇게 멍 때리는 아이들은 어떻게 도와줄 수 있을까? 먼저 엄마와 함께하는 시간을 늘리면서 엄마와 애착관계를 회복하고 아이 뇌에 휴식을 주는 것이 좋다.

어른이 뇌에 휴식을 주는 방법은 아무 생각도 하지 않고 쉬면서 자신을 돌아보는 시간을 가지면 된다. 하지만 아이는 부모와 땀을 뻘뻘 흘리며 온몸으로 놀고 자연으로 돌아가 재미있는 시간을 보내는 것이 뇌를 쉬게 하는 것일 수 있다. 그러면 생기가 돌고 활력이 솟아날 것이다.

뇌의 생각은 일이고 뇌의 운동은 기억이다

멍 때리기 대회가 열린다는 기사를 본 적이 있다. 기사 내용이 재미있어서 관심 있게 보았는데, 멍 때리기 대회는 바쁜 일상생활 속에서 아무것도 하지 않고 아무 생각도 하지 않으며 자신을 얼마나 오래 놓아두느냐를 경쟁하는 것이다. 치열하게 경쟁하는 삶 속에서 조금이라도 여유를 찾고 자신을 돌아보는 시간을 가져보자는 취지인 것이다.

미국의 시사 주간지 〈뉴스위크〉에 멍한 상태로 있으면 뇌에 도움이 된다면서 아무 생각을 하지 않으면 뇌가 큰 그림을 그리는 사고를 한다는 내용의 기사가 실렸다. 그리고 지능지수(IQ)를 높이는 생활 속 실천 방법으로 멍 때리기를 꼽았다.

그러고 보면 용현이의 멍 때리기는 열심히 생각하고 일한 결과일 것이다. 몸도 뇌도 너무 힘들어 자구책으로 멍 때리면서 휴식을 취한 모양이다. 이는 자연적으로 일어나는 몸의 현상이 아닐까?

뇌 과학자 박문호 교수의 『뇌 과학』에 "뇌의 생각은 일이고 뇌의 운동은 기억이다"라는 글이 있다. 사람은 생각하는 존재로 생각을 하지 않고는 살 수 없다. 그런데 너무 많은 생각에 놓이게 되면서 뇌가 너무 열심히 일하게 된 것이다. 그러니 너무 많은 일을 하게 되면 쉼이 필요할 수밖에 없다. 쉬어야 아이디어가 생기고 창의적인 방법도 떠오른다. 이제 일은 쉬면서 하고 운동으로 몸을 단련하듯이 뇌를 단련해보자.

뇌가 운동도 하기 전에 핸드폰 게임이나 스크린 중독으로 아픈 아이들은 어떻게 하면 좋을까. 이런 아이들은 자신이 아픈지도 모르고 게임에 빠져 있다. 이들 부모 중 몇 명은 아이가 집중력이 높다고도 말한다. 과연 그럴까?

의정부 성모병원 소아청소년과 김영훈 교수는 "공부할 때 집중력은 능동적 집중력인 반면 디지털 미디어에서 집중력은 수동적 집중력이기 때문에 똑같은 집중력이 아니다. 능동적 집중력은 전두엽이 성숙해야 만들어진다"고 했다. 김 교수는 또 "게임 등 디지털 미디어에 오래 노출되면 주의력결핍 과잉행동장애(ADHD)의 위험이 높다는 연구 결과도 있다. 디지털 미디어의 영향은 초등학교 저학년에서만이 아니라 의지력을 발휘할 수 있는 청소년기까지 지속된다"고 말했다.

권장희 놀이미디어 연구소장이 쓴 『아이를 망치고 싶다면 스마트폰을 주세요』를 읽은 부모들은 당장 스마트폰을 아이에게 주지 않을 것이다. 영유아기에 게임·디지털 미디어에 노출되면 두뇌, 즉 전두엽에 치명적인 손상이 올 수 있다고 한다. 전두엽은 뇌에서 가장 복잡한 기능인 실행기능을 수행함으로써 우리를 사람답게 하는 기관이다.

그런데 전두엽에 이상이 생기면 무슨 일을 계획하거나 미래를 생각할 수 없다. 무력증, 충동성, 주의산만, 강박, 공감결여, 분별력 없음, 판단력 저하, 기억감퇴, 인내력 저하 등 발달이 미약하게 되고 학습과정을 성공적으로 이룰 수 없을 뿐 아니라 자기 상태를 통찰하는 능력이 상실된다. 이는 전두엽이 발달할 기회를 놓치게 되는 것이다.

지금 아이가 핸드폰 게임에 집중하고 있다면 당장 멈추게 하고 온 가족이 아이 손을 잡고 놀이터로 나가 즐겁게 뛰어놀며 새로움을 만나게 하자. 새로움은 전두엽을 활성화한다.

기쁘고 행복한 경험이 좋은 기억이 된다

한나 모니어와 마르틴 게스만이 지은 『기억은 미래를 향한다』에서는 기억이 과거뿐 아니라 미래와도 연관이 있다고 한다.

"기억의 임무는 미래를 계획하고 다음의 행동을 준비하는 것으로 기억의 본분은 저장된 내용을 나중에 불러내기 위해 그저 예비해두는 것을 넘어서 끊임없이 새롭게 처리하고 다듬는 것이다. 즉 당면 과제와 이후 삶의 계획에 맞게 기억 내용을 재구성하는 것으로 타고난 재능뿐 아니라 우리가 모르는 사이에 우리에게 영감을 준다.

그런데 기억이 주는 영감은 예술작품에 관한 것이 아니라 우리의 삶에 관한 것이다. 기억은 매우 독창적이며 우리가 우리 자신을 넘어 성장하게 해준다."

이처럼 기억은 우리 미래를 풍요롭게 하는 삶의 재료다. 특히 영유아기에 저장된 좋은 기억은 훗날의 좋은 삶을 예측할 수 있는 특급 재료다.

매주 월요일이면 유치원에서는 주말에 어떻게 지냈는지를 아이들과 함께 이야기한다. 주말에 엄마·아빠와 즐거운 경험을 한 아이는 자신감이 넘치고 신나게 경험을 이야기하며 흐뭇해한다. 그러나 이야깃거리가 별로 없는 아이는 표정이 굳어 있는 모습이 눈에 띈다.

아이들 그림 역시 마찬가지다. 그림을 살펴보면 아이들이 알고 있는 것이나 재미있었던 일이나 행복한 기억이 그림에 많이 나타난다. 또 상처받았거나 혼났던 기억을 그림으로 나타내기도 한다.

그러면 아이들에게 좋은 기억을 가지게 하려면 어떻게 해야 할까? 부모가 좋은 삶을 사는 것밖에 다른 방법이 없다. 부모가 좋은 삶을 살면 아이 기억에는 좋은 삶이 기억될 수밖에 없지 않겠는가.

영유아기의 행복한 기억은 나중에 더 멋진 삶으로 이어지고 뇌 안의 최고경영자(CEO)인 전두엽을 튼튼하게 해준다. 그러니 마음껏 기쁘고 행복한 삶을 아이와 함께 보내기를 권한다. 아이가 멋진 삶을 기억하도록 말이다. 그것이 부모의 권리이자 의무다.

엄마는 아이에게
가장 좋은 선물이다

엄마와 사랑에 빠진 아이는 감탄과 흥미를 드러낸다. 특히 엄마의 말을 주의 깊게 듣고 지지하며 기꺼이 엄마의 요구에 주의를 기울인다.

생명의 지도와 기계의 지도 중 어느 것을 선택할까

인간에게는 누구나 엄마가 있다. 엄마가 있어 내가 있다. 따라서 나를 존재하게 하는 엄마는 생명임이 틀림없다. 그런데 아이가 조금씩 자라면 아이가 생명임을 잊어버린 채 기계 부모가 되어간다. 이는 잘 키우고 싶은 엄마·아빠의 욕심도 있지만 일등만 알아주고 경쟁만 추구하는 사회 현상도 한몫한다. 그러니 부모는 좋은 것을 택해야 한다. 기계보다는 생명을, 타율보다는 자율을.

그렇지 않으면 아이는 계속 부모의 관리를 받아야 하는 수동적인

244

사람이 되거나 부모의 타율에 맞서는 말썽꾸러기가 된다. 그러고 보면 말썽꾸러기라고 일컬어지는 아이는 살아 있는, 생명감 넘치는 아이일 수 있다. 기계적인 부모는 대체로 다음과 같은 언어를 사용한다.

"그만 입 다물어."
"안 돼."
"이렇게 하는 거야. 자, 봐봐."
"틀렸어."
"똑바로 해야지."
"너는 왜 이 모양이니?"
"왜 그것도 못 하니?"
"살다 살다 별 소릴 다 듣네."
"쓸데없는 짓 그만해라."

혹시 아이가 말을 안 듣고 말썽만 피우는가? 아마 아이는 엄마가 기계적인 엄마인지 생명력이 있는 엄마인지 테스트 중일 것이다. 엄마가 자신을 어떻게 대하는지 엄마의 힘을 체크하는 것이다. 아이를 탓하지 말고 아이가 왜 그러는지 생각해보는 것이 더 유익하다. 아이에게 나타나는 문제는 대개 부모에게 그 원인이 있다.

아이들 가운데 친구를 꼬집고 때리는 아이들도 있다. 이 아이들도 마찬가지로 살려고 애쓰는 중이다. 다만 환경이 나쁠 뿐이다. 따라서 부모 자신을 되돌아보고 혹시 내가 어린 시절 내 부모에게서 기계적인 돌봄을 받은 것은 아닌지 아니면 사회적 흐름에 어쩔 수 없어서 그런지 잘 생각해보고, 지금부터 기계가 아닌 생명으로 바꾸자.

아이가 심리적 허기를 느끼지 않도록 진지하게 끌어안아주면 아이는 금세 바뀐다. 생명(아이)은 본능적으로 좋은 것을 알기 때문이다.

중국 송나라 때 불서(佛書)인 『벽암록(碧巖錄)』에 교육의 의미를 성찰하게 하는 '줄탁동시(啐啄同時)'라는 사자성어가 있다. 알 속의 병아리가 껍질을 깨뜨리고 나오기 위해 껍질 안에서 아직 여물지 않은 부리로 사력을 다해 껍질을 쪼아대는 것을 줄(啐 : 떠들 줄)이라 하고, 어미닭이 그 신호를 알아차리고 바깥에서 부리로 쪼아 깨뜨리는 것을 탁(啄 : 쫄 탁)이라 한다. 줄(啐)과 탁(啄)이 동시에 일어나야 한 생명이 온전히 탄생할 수 있다는 것이다.

병아리와 어미닭이 동시에 알을 쪼지만, 어미닭이 병아리를 세상 밖으로 나오게 하는 것이 아니고, 작은 도움만 줄 뿐 알을 깨고 나오는 것은 결국 병아리 자신이다. 생명에는 자율적 능동성이 있는 것이다.

자기가 깨고 나오면 병아리이고 남이 깨면 삶은 달걀(달걀프라이)이라는 우스갯소리가 있다. 이는 아이 양육에서 타율로 키울 것인가, 자율로 키울 것인가 하는 물음을 갖게 하는 시사점을 준다.

사실 부모는 아이에게 아주 중요한 조건이다. 조건만 좋으면 아이는 잘 성장한다. 앞서 예를 들었던 식물을 다시 한 번 예로 들어보자. 꽃을 사랑한다고 물을 너무 많이 주면 뿌리째 썩는 것처럼 아이도 마찬가지다. 양육 조건이 좋지 않으면 잘 자라지 못한다. 아이마다 기질이 다르고 특성이 다르다. 그렇기 때문에 각각의 아이에게 알맞은 조건이 필요하다.

아이 생명력에 집중하고 생명의 지도로 아이를 양육하자. 그러려면 부모가 먼저 생명 감각을 체득해야 하는데 그 방법 중 하나가 관찰이다. 관찰을 잘하다 보면 아이를 잘 알 수 있게 되고 알맞은 양육방법으로 아이를 키우게 된다.

엄마는 사랑의 시작점이다

엄마는 사랑의 상징이자 시작점이다. 사랑은 삶을 완성하고 세상의 많은 좋은 것을 가능하게 하고 꿈꾸게 하며 모든 것을 초월한다. 나에게도 선물 같은 엄마가 있다. 어린 시절 먹고살기 힘들고 가난

했던 그때 나에게 엄마는 '숨'이었고 '쉼'이었다. 죽을 고비를 몇 번 씩 넘긴데다 예민하고 까다롭기까지 했던 나는 엄마뿐 아니라 가족을 참 힘들게 했던 모양이다.

그럼에도 엄마는 흰죽을 쑤어 먹이며 나를 살려내셨고 함부로 대하지 않으시고 귀하게 여겨주셨다. 구순이 가까운 지금도 전화를 드리면 엄마는 "고맙다, 사랑한다, 우리 딸" 하신다. 나는 "사랑해요"라는 말도 못 하고 "나도"라고 받아치는 못난 딸이다.

그래도 내가 지금 행복하다고 할 수 있고 이 모습대로 사는 것은 엄마의 변함없는 '사랑' 덕분이다. 엄마를 통해 존중, 평화, 온유, 나눔, 우애, 끈기, 노력 등을 배웠고 특히 따뜻한 사랑을 배웠다. 엄마의 투박해진 손과 깊게 파인 주름은 내가 계속 이어나갈 사랑의 상징이다. 요즘 엄마인 여러분 마음은 안녕한가? 마음 안에 기쁨이 있는가? 생기는 있는가?

여기저기서 아이 키우기 힘들다고 아우성이다. '낮에는 원수 잘 때는 천사'라고 한다. 양육은 이렇게 양가감정, 즉 원수에서 천사로 변신하는 여정 속에서 이루어지는 듯하다. 엄마들의 얼굴을 살펴보면 양육이 얼마나 힘든지 확실하게 알 수 있다. 얼굴에는 심할 정도로 표정이 없고 우울해 보이기까지 한다.

사람을 보고도 눈을 마주치지 못하고 찌든 표정으로 아이를 대하는 엄마들 모습이 유아교육을 하는 나는 자꾸 신경이 쓰인다. 분명히 엄마 얼굴은 고스란히 아이 모습이 될 것이기 때문이다. 이렇게 아이를 양육하기가 힘들어서야 아이들이 잘 성장할 수 있을까?

지금 하던 일을 모두 멈추고 아이를 번쩍 들어 올려 행복한 눈으로 아이 눈 속에 풍덩 빠져보자. 그리고 아이 눈 속에 누가 있나 유심히 찾아보자. 바로 부모다. 어떤 모습인가? 아이 눈 속에 부모가 살아 있어야 진짜 부모다. 그리고 사랑한다고 말하면서 꼭 안아보자. 어떤 느낌인가? 부모가 느낀 그대로 아이도 똑같이 느낀다.

아이는 부모에게 온 축복의 선물이다. 아이에게 부모가 선물이듯 부모에게 아이는 하늘이 준 귀한 선물이다. 귀한 선물은 함부로 하지 않는다. 소중히 다루고 귀하게 여긴다. 아이도 마찬가지다. 내가 낳았다고 혹시 내 맘대로, 내 기분대로 사랑하지는 않는지 한번 생각해보자.

부모와 사랑에 빠진 아이는 감탄과 흥미를 드러낸다. 마주치는 사람에게 미소를 보내고 관심을 보이며 여러 가지 활동을 만나면 집중한다. 특히 부모 말을 주의 깊게 듣고 지지하며 기꺼이 부모 요구에 주의를 기울인다. 부모 말을 안 듣는다고 소리칠 필요도 없다. 이는 지금 사랑해달라고 소리치는 신호이므로 맘껏 아이 존재를 안아주면 된다. 이것이 바로 사랑이고 그것을 실천하는 것이 부모의 능력이다.

사랑은
모든 것을 변화시킨다

언제 아이들에게 행복감을 느끼게 할 것인가? 돈을 많이 번 나중인가? 아니다. 바로 지금이다. 지금을 놓치면 나중에는 아이의 건강한 삶을 보장받지 못한다. 영유아기는 기회다.

도대체 언제 아이에게 행복감을 느끼게 할 것인가

요즘 아이들은 풍요로운 가운데 무조건적인 사랑을 받으며 자라는 것 같다. 하지만 아이들에게는 오히려 분노가 많아지고 있어 부모가 아이를 키우기 힘들다는 탄식이 저절로 나온다. 이런 상황에서 아이들과 부모들이 행복감을 느끼기는 어려워 보인다. 유치원에 들어오는 아이들을 맞이하면서 얼굴을 관찰하다 보면 많은 아이가 피곤한 기색에 웃음기 없이 무표정하다.

아이들은 사람을 만나도 인사를 하는 둥 마는 둥 하고 눈빛은 게

슴츠레하며 활력이라고는 찾아볼 수 없다. 엄마들 역시 대부분 아이들과 얼굴 표정이 비슷하다. 그렇다면 아이도 엄마도 행복하다고 볼 수 없다.

이런 상황에서 아이들이 올바르게 잘 자랄 수 있을까? 아무래도 부모들이 아이들에게 사랑을 전하는 방법을 잘 모르는 듯하다. 말로는 "사랑해"라고 한다. 그러나 정작 아이들은 그 말에 별로 사랑을 느끼지 못한다.

영유아기 아이들은 말뿐 아니라 행동을 통해서도 사랑을 경험한다. 눈빛, 접촉, 말투, 표정을 비롯한 함께하는 시간 등에서 사랑을 경험한다. 부드럽게 만져주고 재미있는 시간을 함께 보내는 부모를 만나는 것은 아이에게 최고의 선물이다.

그런데 엄마는 엄마대로 바쁘고 아빠도 늘 바쁘다. 그 가운데 아이는 부모 사랑에 굶주려 허기가 지고 여러 가지 신체적 증상으로 부모의 관심을 끌려고 한다.

일곱 살 인수는 관심 끌기 선수다. 인수는 늘 배가 아프고 다리가 아프다고 해서 병원을 들락날락한다. 처음에는 어디가 아픈가 싶어 깜짝 놀랐지만 의사가 아무 이상이 없다고 하는 것을 보니 사랑 병에 걸린 모양이다. 인수가 너무 아프다고 하니 걱정이 된 인수 아버지가 유치원 생활에 무슨 문제가 있나 해서 상담하러 들렀다.

"인수가 배가 아프다고 해서 병원에 갔는데 아무 이상이 없다고 합니다. 혹시 유치원에서 무슨 문제가 있는 것은 아닌지 또 유치원 생활은 어떻게 하는지 궁금해서 왔습니다."

"그러시군요. 인수는 내성적이기는 하지만 친구들과 잘 어울리면서도 선뜻 자기 의견을 내놓지는 않습니다. 친구들에게 양보를 많이 하는 아주 따뜻한 아이라고 느껴집니다."

"그래요. 매일 아프다고 해서 걱정입니다."

"그렇습니까? 특별한 이상이 없는데 아프다고 하는 데는 심리적인 것이 원인인 경우가 종종 있습니다. 또래보다 생일이 늦어서인지 유치원에서는 자신감 없어 하기는 하지만 특별히 문제되는 행동은 발견하지 못했습니다. 가정에서는 인수가 어떻게 지내는지 궁금합니다."

"인수 말고도 형과 누나가 있습니다. 그리고 애 엄마와 저는 일을 하고요. 그나마 교대 근무를 하는 제가 인수를 많이 보고 있습니다. 그래서 오늘도 제가 상담하러 왔는데요. 앞으로도 유치원에 엄마보다 제가 더 많이 올 것 같습니다."

"아, 그러세요. 그래도 아빠가 오실 수 있다니 다행입니다. 엄마와 아이는 언제 만나나요? 그리고 아이와 만나면 어떻게 시간을 보내는지 궁금합니다."

"엄마는 회사에 갔다 오면 녹초가 되어 자는 경우가 많기 때문에 형과 누나 그리고 제가 인수와 함께 있는 경우가 많아요."

"인수 아버님, 아버님께서 인수를 잘 보살펴주셔서 정말 다행이지만 인수에게는 아직 엄마가 필요한 시기입니다. 엄마의 따뜻한 보살핌, 접촉, 인정 등 사랑의 욕구를 채워야 하는데, 그러지 못한다면 인수는 계속 엄마의 관심을 끌고 사랑받기 위해 여러 가지 방법을 사용할 것 같아요. 알아서 잘하시겠지만 엄마와 함께하는 시간을 꼭 만들어주는 것이 필요합니다."

"인수를 예뻐하기만 하면 3학년인 인수 형도 저보고 예뻐해달라는 듯 눈치를 줍니다. 제가 어떻게 해야 할지 모르겠습니다. 저도 아이 엄마도 너무 어릴 적 준비 없이 아이를 낳아서 지금 애가 애를 키우는 셈입니다. 그래도 잘 키워보려고 하는데 너무 어렵습니다."

풀이 죽어 보이는 인수 아버지는 내가 한마디만 더 하면 눈물을 뚝뚝 떨어뜨릴 것 같아 보였다. 그래도 인수를 잘 키워보겠다고 유치원에 상담하러 올 만큼 문제가 있다는 점을 스스로 느끼고 어떻게든 해결하고자 하는 마음이 엿보여서 다행이었다.

인수는 아빠가 함께해서 행복한 아이라고 마음을 이해해주고 용기를 내서 유치원을 방문해주어 감사하다고 인사했다. 그리고 지금 인수에게는 엄마가 필요한 시기이니 엄마가 시간을 내서 꼭 양육에 참여하라고 권했다.

언제 아이들에게 행복감을 느끼게 할 것인가? 돈을 많이 번 나중인가? 아니다. 바로 지금이다. 지금을 놓치면 나중에는 아이의 건강한 삶을 보장받지 못한다.

영유아기는 기회다. 부모들이 아이들을 맘껏 사랑하면서 잘 키워야 할 때이고, 아이들 또한 부모에게서 사랑을 듬뿍 받고 보호받는다는 느낌이 들어야 할 때다.

현재 아이들이 행복감을 느끼지 못한다면 부모 역할을 잘한 것 같지만 잘하지 못한 것이고, 부모 역시 행복하지 않다는 증거다. 그러니 서로 사랑하고 축복하고 행복하자. 그것이 부모된 우리가 삶으로 보여주어야 할 최선의 행동이다.

그렇게 사랑을 만나다

누군가 나에게 "유아교육을 하면서 당신이 배운 것이 무엇입니까?"라고 묻는다면 나는 "사랑을 배웠어요"라고 대답하겠다. 대학에 들어가 유아교육을 공부하면서 수도 없이 나랑은 맞지 않는 것 같아 공부를 하기 싫어하기도 했으나 졸업하고 직업으로 유치원 교사가 되었다. 교사가 되어 아이를 만나면서 많이 서툴기도 했으나 책임감으로 교사 일을 해냈기 때문에 스트레스가 많았다.

즐겁지 않은 교사생활을 1년 정도 하고 교사 일을 접으려고 준비

할 때 내가 가르쳤던 정훈이 때문에 내 삶에 변화가 왔다. 정훈이는 다른 친구들에 비해 발달이 많이 늦은 아이였다. 그래서 초보 교사인 나는 무척 애를 먹었다. 내가 정훈이에게 해준 거라고는 정훈이가 하는 말을 그대로 따라 해준 것밖에 없다.

그런데 정훈이가 많이 달라졌다는 엄마의 말과 함께 삐뚤삐뚤 쓴 감사 편지를 받았다. 그때 나는 주체할 수 없이 눈물을 흘렸다. 내가 정훈이에게 공을 들인 것이 없다고 생각했기 때문에 과분한 사랑을 받은 것이 미안할 따름이었다.

그때부터 내 삶에 변화가 왔다. 보이지 않던 아이들이 보였고 마음을 아파하는 아이들이 눈에 띄기 시작하면서 아이들에 대한 관심이 생겨났다. 그것이 삶이 내게 준 소명이 되었다.

이때부터 손을 놓고 있던 유아교육 공부를 다시 시작했고 끊임없이 아이들에 대해 공부하면서 교사에서 원장이 되어 아이들과 함께한 지 30년이 훌쩍 넘었다.

유치원을 운영하고 아이들과 함께하면서 내가 사랑을 아이들에게 준 것 같지만 결코 그렇지 않다. 아이들이 나를 일깨워주고 사랑할 수 있도록 가르쳐준 스승이다. 아이들은 사랑이 부족한 나에게 사랑을 채워주고 기쁨이 부족하고 웃음이 덜한 나에게 늘 기쁨을 주고 웃을 수 있게 해주었다.

반짝거리는 눈빛을 나에게 내주면서 호기심을 잃지 않게 하고 긴

4장 부모가 1%만 바뀌어도 아이 인생이 달라진다

장의 끈을 놓지 않게 해주었다. 부족한 내가 늘 공부하게 했으며 세상은 끝없이 배울 게 많고 인내심을 가지고 노력해야 목적지에 도달할 수 있다는 사실을 알게 해주었다. 그것이 삶의 비밀이라는 것을 깨닫는 데는 그리 오래 걸리지 않았다. 이렇게 아이들과의 삶은 내 인생의 의미가 되었고 아이들을 사랑하며 사는 것이 내 인생이 되었다.

아이들과 함께하는 내 삶은 가슴 뛰게 하는 축복의 삶이었다. 이 축복받은 내 삶이 정훈이에게서 시작되었듯이 아이를 낳아 기르고 배우며 인간으로 성숙해져가는 부모들의 삶 또한 참으로 위대하고 축복받은 삶이 될 것이다.